O poder de uma hora

ACTUAL EDITORA
Conjuntura Actual Editora, S. A.

MISSÃO
Editar livros no domínio da Gestão e Economia e tornar-se uma editora
de referência nestas áreas. Ser reconhecida pela sua qualidade técnica,
actualidade e relevância de conteúdos, imagem e *design* inovador.

VISÃO
Apostar na facilidade e compreensão de conceitos e ideias que contribuam
para informar e formar estudantes, professores, gestores e todos os
interessados, para que através do seu contributo participem na melhoria
da sociedade e gestão das empresas em Portugal e nos países de língua
oficial portuguesa.

ESTÍMULOS
Encontrar novas edições interessantes e **actuais** para as necessidades
e expectativas dos leitores das áreas de Economia e de Gestão. Investir
na qualidade das traduções técnicas. Adequar o preço às necessidades
do mercado. Oferecer um *design* de excelência e contemporâneo.
Apresentar uma leitura fácil através de uma paginação estudada. Facilitar
o acesso ao livro, por intermédio de vendas especiais, *website, marketing,* etc.
Transformar um livro técnico num produto atractivo. Produzir um livro
acessível e que, pelas suas características, seja actual e inovador no
mercado.

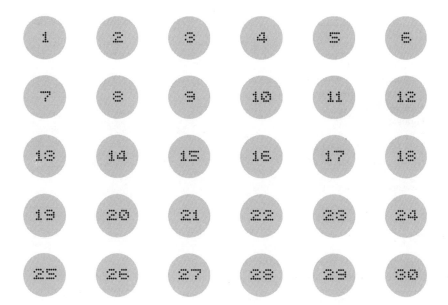

O poder de uma hora
Dave Lakhani

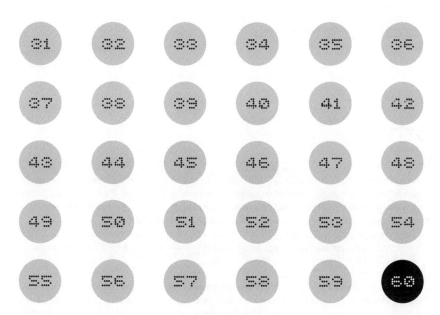

www.actualeditora.com
Lisboa – Portugal

ACTUAL EDITORA
Conjuntura Actual Editora, S. A.
Rua Luciano Cordeiro, n.º 123 - 1.º Esq
1069-157 Lisboa
Portugal

TEL: (+ 351) 21 319 02 40
FAX: (+ 351) 21 319 02 49

www.actualeditora.com

www.businesspublishersroundtable.com

Título Original: *The Power of an Hour*
Copyright © 2006 Dave Lakhani

Edição original publicada pela John Wiley & Sons

Edição Actual Editora - Novembro 2010
Todos os direitos para a publicação desta obra em Portugal reservados
por Conjuntura Actual Editora, S. A.

Tradução: Inês Hasselberg
Revisão: Marta Pereira da Silva e Sofia Ramos
Design da capa: Brill Design UK
Paginação: Guidesign
Gráfica: Guide - Artes Gráficas, L.^{da}
Depósito Legal: 319164/10

> *Biblioteca Nacional de Portugal - Catalogação na Publicação*
>
> LAKHANI, Dave
>
> O poder de uma hora. - Reimp. - (Liderança)
> ISBN: 978-989-8101-14-3
>
> CDU 005

Nenhuma parte deste livro pode ser utilizada ou reproduzida, no todo ou em parte, por qualquer processo mecânico, fotográfico, electrónico ou de gravação, ou qualquer outra forma copiada, para uso público ou privado (além do uso legal como breve citação em artigos e críticas) sem autorização prévia por escrito da Conjuntura Actual Editora.
Este livro não pode ser emprestado, revendido, alugado ou estar disponível em qualquer forma comercial que não seja o seu actual formato sem o consentimento da sua editora.

Vendas especiais:
O presente livro está disponível com descontos especiais para compras de maior volume para grupos empresariais, associações, universidades, escolas de formação e outras entidades interessadas. Edições especiais, incluindo capa personalizada para grupos empresariais, podem ser encomendadas à editora. Para mais informações contactar Conjuntura Actual Editora, S. A.

ÍNDICE

Prefácio		ix
Introdução		xi
Agradecimentos		xv

1.	O Poder de uma Hora	1
2.	Como se focalizar – o poder na hora	13
3.	Como pensar criticamente	23
4.	Como pensar criativamente	33
5.	Hora Pessoal 1: Preparar o terreno	41
6.	Hora Pessoal 2: Identificar os obstáculos	49
7.	Hora Pessoal 3: Destruir os obstáculos	59
8.	Hora Pessoal 4: Relações	67
9.	Hora Pessoal 5: Finanças	77
10.	Hora Pessoal 6: Auto-aperfeiçoamento	89
11.	Hora Pessoal 7: Descanso	99
12.	Hora Pessoal 8: Visualizar: criar uma Visão Superior de Vida	105
13.	Hora Pessoal 9: Ultrapassar o seu medo e reinventar-se	121

14. Hora de Negócios 1:
Encontrar o seu enfoque nos negócios   129

15. Hora de Negócios 2:
Gestão do tempo   139

16. Hora de Negócios 3:
Gestão   149

17. Hora de Negócios 4:
Vendas e *marketing*   161

18. Hora de Negócios 5:
A experiência do cliente   173

19. Hora de Negócios 6:
Estabelecer contactos   181

20. Hora de Negócios 7:
Mentor   193

21. Hora de Negócios 8:
Retribuir   203

22. Hora de Negócios 9:
A Hora Final   209

23. Dar o dia por terminado   217

Prefácio

Quando se estuda cuidadosamente as empresas ou aqueles que conquistaram o sucesso, como eu fiz, percebe-se que têm algo em comum... um impulso para melhorar um pouco todos os dias, todos os meses, todos os anos. E quando se olha para aqueles que teriam sucesso ou que têm empresas que poderiam ter sucesso mas que não o alcançam, vê-se que sentem dificuldades por não estarem certos ou seguros sobre aquilo em que se devem focalizar. Sabem que deveriam estar a agir de alguma forma, mas não sabem por onde começar. Continuam a fazer as mesmas coisas todos os dias. Estão paralisados e a inércia mata.

Este livro resolve esse problema de uma forma que apela à acção.

Focalização, consistência e acção.

Estas são as chaves para fazer crescer o seu negócio ou para o fazer crescer a si.

Mas deixe-me fazer-lhe uma pergunta importante e quero que responda honestamente. Sabe exactamente em que é que se poderia focalizar durante uma hora, que mudasse drasticamente a sua vida ou os seus negócios?

O poder de uma hora apresenta-lhe o que é mais importante a fazer para desenvolver a sua focalização, força-o a agir e fornece-lhe um plano de acção para avançar consistentemente nos seus negócios ou na sua vida.

Quem ler este livro, e implementar as ideias que transmite, terá acesso às chaves mestras para a criação de melhorias graduais no sucesso pessoal e empresarial, todos os dias e em todas as áreas cruciais da vida ou dos negócios. *O poder de uma hora* realiza um trabalho espantoso de decomposição de questões pessoais e empresariais importantes (que estão quase sempre intimamente ligadas) em pontos de focalização muito claros, que lhe permitem escolher onde é mais importante que se concentre e ter as ferramentas necessárias para criar um impulso extraordinário.

À medida que for lendo *O poder de uma hora* e começar a focalizar uma hora de cada vez, irá observar resultados espantosos. Enquanto continuar a praticar, estará a fazer uma outra coisa: a condicionar a sua mente e a aprender a focalizar-se, a criar impulso e a melhorar rapidamente.

Leve este livro consigo agora mesmo e leia-o.

De seguida, passe uma hora em Focalização Intensiva (sobre a qual irá aprender mais no livro) e concentre-se no capítulo que for mais importante para si. Mantenha-se focalizado no impulso e na concretização. Irá melhorar gradualmente e essa melhoria irá permitir-lhe dominar o seu mercado e a si mesmo.

Por isso, quero voltar a perguntar-lhe: Sabe exactamente em que é que se poderia focalizar durante uma hora, que mudasse drasticamente a sua vida ou os seus negócios?

Recomendo vivamente que comece por ler este livro.

De seguida, escolha a hora de focalização mais importante do livro e comece.

Vai ficar contente por fazê-lo e a sua empresa vai ficar contente por o ter feito.

Vai perceber finalmente o que significa *melhorar* o seu negócio e a sua vida, e não apenas *trabalhar* neles.

Comece a agir de imediato.

T. Harv Eker
Autor de *Segredos da Mente Milionária**,
bestseller do *New York Times.*

---

* N.T. Publicado em Portugal pela editora Europa-América em 2006. O título original é *Secrets of the Millionaire Mind.*

Introdução

Este livro não é como qualquer outro livro de gestão ou de desenvolvimento pessoal que já tenha lido, e eu orgulho-me disso. A última coisa de que precisa é de outro livro feito segundo fórmulas que poderia ter escrito. Este livro é holístico; aborda tanto questões pessoais como de gestão, porque não existe uma separação entre as duas. Se um lado sofre, o outro necessariamente também irá sofrer.

Este livro é diferente, porque está concebido de forma a encaixar-se no horário atarefado de um executivo ou empresário. Cada capítulo pretende ser autónomo e oferece um processo completo de *como fazer*, do princípio ao fim. Utilize-o uma hora de cada vez ou um projecto de cada vez, mas, acima de tudo, utilize-o.

No meu trabalho com executivos, tanto de empresas listadas na *Fortune 500* como de pequenos negócios, descobri que todos têm uma coisa em comum – querem criar mudança. Frequentemente, a mudança que têm em mente está no interior da sua própria organização. No entanto, descobrem sempre que, para criar mudança na sua organização ou equipa, têm primeiro que a criar neles próprios.

Em ambos os casos, organizacional e pessoal, existem áreas comuns que têm impacto em todos os proprietários de negócios. Se o seu negócio não está a crescer e a ter o desempenho que quer, você sofre. E, se está a sofrer, o seu negócio não pode crescer e ter um desempenho melhor.

Desenvolvi um plano para a mudança que ensinei e utilizei durante mais de dez anos. Ao desenvolver o programa, sabia que apenas funcionaria se não ocupasse muito tempo e se os resultados se tornassem evidentes rapidamente. O programa funcionará se der os passos e os aplicar um a um, uma hora de cada vez.

O poder de uma hora está elaborado para ser dividido no bloco de tempo mais exequível, uma hora. Apesar de este não ser um livro sobre gestão do tempo, aborda esta questão para que o leitor possa tirar o melhor proveito das suas Horas de Poder.

O poder de uma hora oferece a estrutura necessária para criar fortes mudanças numa única hora. Estimula o pensamento sobre o que é necessário nas áreas específicas do seu negócio ou da sua carreira. Abordei as áreas de *marketing*, vendas, gestão e outras que têm grande impacto na nossa vida. Também explorei as áreas da vida pessoal que mais causam *stress* no trabalho, na saúde e nas relações. Apesar de não pretender ser um perito em questões de saúde e de relações, sou especialista na demonstração das melhores perguntas a fazer para criar uma solução determinante para essas áreas da sua vida. Além disso, apresento peritos da indústria, que partilham as suas perspectivas pessoais sobre o que se pode fazer numa hora para melhorar a vida pessoal e profissional. Eles incluíram algumas das perguntas mais eficazes a colocar a si mesmo para criar mudanças positivas. Até arranjei um perito que irá melhorar o seu jogo de golfe (era um dos treinadores de golfe de Phil Mickelson na universidade; ele sabe algumas coisas sobre como criar vencedores).

Este livro é um guia. Abra-o no assunto em que se quer focalizar e irá encontrar informação detalhada sobre as áreas cruciais que deve explorar. A primeira parte do livro ensina o processo do Poder de uma Hora, que o conduz ao estado que denomino de Focalização Intensiva.

A Focalização Intensiva surgiu em resultado da minha experiência anterior como lutador profissional de *kickboxing* e como agente da autoridade que trabalhou em operações de infiltração da brigada de narcóticos e em equipas SWAT (equipas de tácticas e armas especiais). Aprendi que, em confrontos violentos, tem de se estar intensamente focalizado por pequenos períodos de tem-

INTRODUÇÃO

po, não apenas para ter sucesso, mas para sobreviver. Mais tarde descobri que, quando aplicava o mesmo nível de focalização no meu trabalho ou na minha vida pessoal, conseguia alcançar o que muitos à minha volta não eram capazes. Comecei a partilhar o conceito de Focalização Intensiva com outros empresários e eles descobriram que, ao focalizarem-se verdadeiramente, alcançavam coisas que estavam pendentes há meses ou mesmo anos. Conseguiram resultados que não tiveram no passado, porque finalmente perceberam os efeitos de sermos obstinados nos nossos esforços para criar e ter sucesso.

Ao longo dos vários capítulos deste livro, espero mudar a sua crença sobre o que é possível numa única hora, mas também conseguir persuadi-lo a avaliar verdadeiramente o que *você* pode alcançar nessa hora.

Espero inspirá-lo a tornar a próxima hora na sua hora mais determinante e significativa, quer a utilize para se mudar a si mesmo ou ao seu negócio. Todos temos o mesmo número de minutos numa hora. O que faz com eles e como os investe vai, em última análise, determinar o que obtém de todas as horas da sua vida.

AGRADECIMENTOS

Foram muitos os que me ajudaram neste livro e que me apoiaram neste processo, mas nenhum foi mais importante do que Matt Holt da Wiley. Matt manteve-me focalizado e no caminho certo enquanto promovia outro livro que foi lançado quando estava a escrever este. Matt é simplesmente o melhor editor que um escritor pode ter.

Agradeço a Joe Vitale por tudo o que ele fez para dar vida aos meus livros e torná-los bem sucedidos quando estão à venda. Todos deviam ter um Joe Vitale na sua vida.

Também agradeço as contribuições do Dr. David Sim, Wendy Luiso, Tom e Lisa Brill, Joe Santana, Glenn Dietzel, Randy Gilbert, Armand Mornin, Alex Mandossian, Len Foley e Jill Lublin.

Escrever este livro foi um desafio maior do que o primeiro, dado que assumi compromissos para palestras e esforços promocionais para apoiar o primeiro livro e outras tarefas associadas a ter um novo livro e outro a caminho. Por vezes eu estava ausente, irritável, anormalmente engraçado e frequentemente apenas indisponível. Agradeço profundamente à minha mulher, Stephanie, por manter as coisas a andar e à minha filha Austria, por estar sempre pronta com um beijinho para o pai.

Obrigado a Elizabeth Belts por um excelente trabalho na edição das primeiras versões.

E claro, agradeço a toda a minha família, incluindo à minha Avó, Edith Ramsey Johnson, e aos meus irmãos, Bill Willard, Jr e Micah Willard. Vocês tornaram a minha vida numa aventura excepcional.

Finalmente, envio o meu agradecimento a todos os meus clientes passados, presentes e futuros. São as experiências que tenho convosco que tornam estes livros possíveis.

Este livro é dedicado com amor à Stephanie e à Austria, que tornaram a minha vida na maravilha e na alegria que é hoje.

É também dedicado à minha família: Suleman Lakhani, Pavreen Lakhani, Jehan Lakhani e Imran Lakhani.

Por fim, aos meus bons amigos Dennis Stockwell, Al Murray e Mark Ernst.

Capítulo 1

O Poder de uma Hora

Mudança

Quer seja empresário ou apenas se queira tornar na melhor pessoa possível, tem de se submeter à mudança. Contacto todos os dias no meu trabalho com empresários e líderes de empresas que se esforçam por encontrar tempo para criar a mudança necessária nos seus negócios. Muitos também sentem que seriam mais eficazes se conseguissem criar igualmente mudanças pessoais. Mas, em última análise, o que os impede é o tempo.

Acontece que, apesar de parecer que o tempo é aquilo de que mais precisa, isso não é verdade. O que precisa é de focalização – um tipo de focalização muito específico. Irei ajudá-lo a encontrar essa focalização na sua vida pessoal e nos seus negócios, à medida que for lendo os próximos capítulos. Irá receber conselhos práticos detalhados e receber informação especializada de peritos altamente qualificados que lhe irão mostrar exactamente o que fazer e quando o fazer. Acima de tudo, irão mostrar-lhe como estruturar a sua actividade para que possa alcançar sempre os resultados que pretende.

Como funciona o Poder de uma Hora

Dizer no parágrafo anterior que o tempo não é o que interessa irá deixar muitos leitores confusos, tendo em conta o nome do livro; por isso, deixe-me desenvolver a ideia.

1

O PODER DE UMA HORA

Todos temos num dia o mesmo número de minutos e de horas para trabalhar, criar, viver e prosperar. É a forma como usamos essas horas que marca a verdadeira diferença quanto à qualidade da nossa vida e ao valor dos nossos negócios.

Para criar o tipo de mudança que concretiza objectivos verdadeiramente significativos, o enfoque deve residir naquilo a que eu chamo de Hora de Poder Decisiva*. Eu focalizo-me numa única hora, porque praticamente todos se podem afastar dos rigores da vida quotidiana e investir uma hora por dia na criação de mudança. Uma hora é também a medida de tempo mais fácil de agendar. Por fim, escolho uma hora porque, depois de 15 anos a ajudar os outros a concretizar os seus objectivos pessoais e de negócios, compreendi que iniciar uma mudança leva apenas uma hora. Mais de uma hora de verdadeira focalização sem intervalo resulta numa quebra rápida de produtividade. Depois de uma hora de focalização intensiva a mente começa a vaguear, surgem desculpas e retomar o trabalho torna-se mais difícil do que nunca, devido ao esforço que se despendeu para lá da uma hora. Também escolhi uma hora porque funciona. Em praticamente todas as empresas em que trabalhei, quando ponho todos a utilizar este processo, alcançam resultados cada vez melhores. Além disso, ao limitar a sua focalização a uma hora, vai poder ver e sentir de imediato a gratificação que resulta da finalização, depois dessa hora ter passado.

Não estou a dizer que não há alturas em que é necessário focalizar-se por mais de uma hora; mas essas alturas deverão ser limitadas. A verdadeira focalização é um esforço de maratona empacotado numa corrida de velocidade. No final existe um tremendo sentimento de realização; existe também uma tremenda compreensão. Irei tratar mais sobre isto, mais à frente no livro.

O poder de uma hora funciona, porque limita a quantidade de tempo despendido e focaliza-se de uma forma específica. Aqui

---

* N.T. No original, *Critical Power Hour*™.

CAPÍTULO 1. O PODER DE UMA HORA

estão os passos do programa do Poder de uma Hora, que devem ser dados sempre que for identificada uma nova área de mudança.

Sete passos para activar o Poder de uma Hora

1. Identifique claramente o que precisa de mudar.
2. Adopte um pensamento crítico para identificar a estrutura da mudança.
3. Adopte um pensamento criativo para identificar outras soluções.
4. Identifique os próximos passos.
5. Programe a sua mudança e dê os primeiros passos da acção.
6. Avalie a sua actividade e analise o seu sucesso.
7. Recompense a concretização bem sucedida.

Vamos olhar mais de perto para cada um destes passos, para os compreender melhor e como se aplicam. Terá de entender estes passos, pois irão ser a base do seu sistema Poder de uma Hora, que o irá ajudar a obter sucesso.

1. Identifique claramente o que precisa de mudar

Resolver o problema errado é um dos motivos mais importantes para que a verdadeira mudança não aconteça. Para criar mudanças rápidas e duradouras, deve primeiro reservar algum tempo para identificar claramente os problemas que quer ver resolvidos. Eis algumas perguntas que têm de ser respondidas antes de se iniciar um projecto.

- Qual é o factor específico que deu início a esta mudança? Por outras palavras, qual o factor que contribuiu para esta decisão?

3

O PODER DE UMA HORA

- Esse factor é suficientemente importante para focalizar nele os seus esforços e finanças, de forma a alcançar essa mudança?
- Essa mudança deverá conduzir a outras mudanças? Se sim, em que áreas?
- O que aconteceria se a mudança não resolvesse o seu problema?
- Especificamente, o que é que precisa de ser alterado?
- Quem é que tem de estar envolvido para que essa mudança seja criada?
- Que resultados têm de ser alcançados em virtude desta mudança?
- O que é que isso significa em termos financeiros, sociais, ambientais e organizacionais para a organização?
- O que é que isso significa para si, pessoalmente? Especificamente, o que é que vai ganhar com a concretização desta mudança?
- O que acontecerá se não ocorrer a mudança?
- Qual é o melhor resultado possível desta mudança?
- Em quem, nomeadamente, é que esta mudança vai ter impacto?
- Como irá definir o sucesso?
- Como irá recompensar a concretização desta mudança?

Depois de trabalhar com centenas de empresas descobri que, simplesmente por se seguir esta lista e se desafiar as respostas, a mudança é criada mais rapidamente. Isto acontece porque, à medida que avança na lista e discute os detalhes, muitas vezes se chega à conclusão que o problema não existe, que é mais pequeno do que parecia ou que talvez não fosse realmente necessário resolvê-lo. Se decidimos que um problema tem realmente de ser resolvido, isso dá-nos informação valiosa sobre como criar a mudança.

Este processo também faz outra coisa. Proporciona uma compreensão total de quem tem de estar envolvido e de ser responsabilizado.

4

CAPÍTULO 1. O PODER DE UMA HORA

Por fim, este processo informa-o quando é bem sucedido e lembra-o de parar. Muitas vezes a mudança não funciona porque aqueles que a estão a criar não sabem quando parar. O resultado é que aqueles ou a organização que estão a mudar não conseguem ver o fim do processo e sentem-se presos num estado de permanente alteração. A mudança de sucesso acontece porque há um fim definido e definitivo.

2. Adopte um pensamento crítico para identificar a estrutura da mudança

O pensamento crítico é um processo tão importante que dedico um capítulo inteiro ao tema (Capítulo 3). O pensamento crítico tem de ser introduzido no processo desde cedo, para decompor a mudança nas suas componentes mais pequenas e accionáveis. O pensamento crítico também nos permite determinar quais as melhores linhas de acção. Muitas vezes iniciamos um plano ou uma ideia com a qual estamos loucamente entusiasmados, mas não somos realistas em relação aos requisitos ou aos resultados. Consequentemente, a ideia degrada-se. Todos já passámos por estes fracassos na nossa vida pessoal quando, por exemplo, decidimos fazer dieta e exercício físico ou deixar de fumar. Nos negócios, quando o pensamento crítico está ausente podemos enveredar por novas iniciativas de receitas que não tomam forma, ou criar produtos que nunca são lançados de forma adequada ou que nunca se tornam tão rentáveis como poderiam ser. Não é que a ideia não seja boa; apenas não a ponderámos devidamente na Hora de Poder Decisiva.

3. Aplique o pensamento criativo para identificar outras soluções

Um dos problemas que tenho visto, quer esteja a fazer *coaching* a indivíduos ou consultoria a clientes empresariais,

O PODER DE UMA HORA

é a ideia das verdades absolutas. Muitas vezes, as verdades absolutas são o resultado de convicções fortemente defendidas ou da incapacidade de considerar outras perspectivas. As verdades absolutas resultam quase sempre em resultados menos positivos, aquém do possível.

O pensamento criativo é outra competência tão importante que a irei abordar num capítulo inteiro (Capítulo 4). Desafiar pressupostos, convicções e verdades absolutas, com a finalidade de ver o que mais existe ou é possível, permite-lhe tirar o máximo partido da sua Hora de Poder Decisiva.

É importante que explore todas as alternativas que existem quando se prepara para criar uma mudança importante num curto espaço de tempo. Muitas vezes irá descobrir que há soluções melhores, mais rápidas e mais eficientes do que os desafios que enfrenta. Muitos esquecem-se de procurar soluções criativas e olham apenas para as soluções lineares que parecem óbvias.

4. Identifique os próximos passos

Agora que já identificou o que precisa de mudar, porquê e qual será o resultado, é altura de identificar o que fazer a seguir. Pode ser difícil para muitos identificar o que deve ser mudado e o que isso pode significar, porque se concentram no resultado e abandonam o processo, na esperança de que outros peguem nos restos e concretizem o trabalho. Infelizmente, não é assim tão simples. Vai ter de identificar os passos a dar e documentá-los. Seja o mais específico possível ao documentar os seus próximos passos e atribua prazos específicos de concretização. Uma parte da criação da Focalização Intensiva* prende-se com saber em que se focalizar

---

* N.T. No original, *Fearsome Focus*™.

CAPÍTULO 1. O PODER DE UMA HORA

e por quanto tempo. Os passos não documentados não são dados – é tão simples quanto isso. Parte da capacidade de criar Focalização Intensiva prende-se com ser capaz de redireccionar a sua focalização em relação ao plano, sempre que necessário; se não tiver um plano, não irá saber para onde voltar a focalizar os seus esforços.

5. Programe a sua mudança e dê os primeiros passos de acção

A acção mais importante que pode realizar ao iniciar uma mudança é agendar e agir. Conseguirá criar mudanças gigantescas numa hora devido à sua capacidade para se focalizar durante uma hora. Mas nem todos os problemas podem ser resolvidos apenas numa hora; na verdade, muitas das iniciativas que irá empreender neste processo levarão muitas horas. A chave está em aplicar a Focalização Intensiva uma hora de cada vez.

Pegue na sua lista dos próximos passos e decomponha-os em compromissos de tempo. Se precisar de agendar uma sessão que dure mais de uma hora, eis o que poderá fazer:

- Agende esse bloco de tempo. Deve estar totalmente comprometido com esse tempo; tem de o tratar como um dos compromissos mais importantes que alguma vez teve... porque o é.
- Decomponha o bloco de tempo em dois segmentos de 45 e 15 minutos. Quarenta e cinco minutos são gastos em Focalização Intensiva e 15 minutos são despendidos no final da hora na realização das necessárias actividades de não focalização, como responder a um *e-mail*, pesquisar na Internet, fazer um intervalo para ir à casa de banho ou fazer telefonemas. No final dos 15 minutos, tudo o que não tenha sido terminado é adiado para o próximo segmento de 15 minutos (depois da próxima Focalização Intensiva).

Terá de seguir implacavelmente a regra 45/15. Não pode ter interrupções no seu tempo de Focalização Intensiva. Ponha o telefone fora do descanso, feche o *e-mail* e desligue o telemóvel. Não há nada tão importante que não possa esperar 45 minutos. Caso surja alguma questão de maior importância, pode vir alguém interrompê-lo fisicamente. Não deixe que distracções incómodas e frequentes destruam a sua focalização.

A outra razão para que o tempo seja dividido em segmentos de 45 e 15 minutos é porque manter uma Focalização Intensiva requer intervalos regulares, para que possa renovar a sua vontade e disposição para se focalizar. Dá à sua mente a oportunidade que muito precisa para descontrair, rejuvenescer e processar toda a informação que acabou de assimilar. Irá muitas vezes fazer progressos espantosos nestes intervalos de 15 minutos.

Perguntam-me frequentemente se utilizo este processo e a resposta é, claramente, "sim". Até o utilizei para escrever este livro. Perguntam-me frequentemente o que acontece quando bloqueio e não consigo escrever nada, e a minha resposta surpreende muitos. Isso nunca me acontece. Agendo o meu tempo para a escrita e aplico a Focalização Intensiva. Quer me apeteça escrever ou não, começo a fazê-lo no meu horário. Nunca me aconteceu não conseguir escrever eficazmente. Porquê? É simples – eu treinei o meu cérebro e criei uma resposta condicionada para que, quando tenha agendado tempo para escrever e todas a distracções externas tenham sido removidas, consiga imediatamente escrever, desde que tenha estabelecido todos os meus objectivos e criado um plano de ataque.

Iniciar a acção garante o seu sucesso; por isso, antes de terminar a sua sessão de Focalização Intensiva, quer seja uma hora ou múltiplas horas, complete a sua acção nessa altura.

Se planeia concentrar-se na sua saúde e um dos seus passos identificados é contactar um treinador pessoal, então

CAPÍTULO 1. O PODER DE UMA HORA

pegue no telefone e faça a chamada. Se precisa de reunir uma equipa para uma mudança que quer criar, então escreva um *e-mail* a identificar a equipa e envie-lhes a notificação da reunião. Ao tomar uma acção imediata, compromete-se fisicamente (pela acção em si), mentalmente (por iniciar um processo) e emocionalmente (por reconhecer os sentimentos de estar a iniciar alguma coisa).

A única excepção à regra 45/15 é a Hora de Poder Decisiva inicial. Durante a Hora de Poder Decisiva, deve permanecer focalizado ao longo de toda a hora. Poderá, ao fim dessa hora, usar a regra 45/15 para iniciar a sua primeira acção.

6. Avalie a sua actividade e analise o seu sucesso

À medida que avançar no processo que cria mudança, deve avaliar regularmente a sua actividade. Quando a avaliar, tem de a comparar com o plano e o calendário que estabeleceu. Ao seguir rigidamente esta estrutura, está a garantir que permanece no caminho certo e saberá que a focalização aplicada está a contribuir para a concretização dos objectivos estabelecidos para si ou para a sua equipa.

Durante a sua Hora de Poder Decisiva, é necessário analisar a actividade e o sucesso. A primeira avaliação é: Estão aqui todos os que deveriam estar? Se há outros que precisam de estar envolvidos na Hora de Poder Decisiva e não estão presentes, então tem que marcar de imediato uma nova data para que todos estejam lá. Não vale a pena rever o que já se passou com quem não esteve envolvido inicialmente no processo e com quem não está emocionalmente comprometido com o que já foi criado por si.

Depois de ter agendado o seu tempo e já estiver a agir, avalie regularmente a focalização durante os segmentos de 45 minutos para se assegurar de que está focalizado na tarefa

9

certa. Ao verificar constantemente o progresso em relação aos próximos passos documentados, terá um *feedback* frequente para o guiar.

A análise do seu sucesso é um elemento importante para garantir a mudança. Muitas vezes subestimamos ou sobrestimamos o tempo que a mudança leva ou quais os bens e recursos necessários para o sucesso. Para que a mudança aconteça rapidamente, tem de saber o que precisa de mudar no seu processo pessoal e na estrutura do seu plano, logo que possível. Analisar também reforça um compromisso para com o projecto e é muito gratificante quando o trabalho está a ser realizado adequada e eficientemente. Analisar permite-lhe prever os resultados do trabalho árduo antes do produto final estar concluído. A análise é a chave para o sucesso a longo prazo na criação de mudanças rápidas e permanentes.

7. Recompense a concretização bem sucedida

Diz-se que um trabalho bem feito é uma recompensa em si mesmo, mas acredito que isso é verdade apenas em parte. Poderá encontrar satisfação interior com o que alcançou, mas em todas as mudanças há outros que participaram no seu sucesso e também merecem reconhecimento.

Comemorar e recompensar o seu sucesso ensina-o a si e à sua equipa que, no final de todas as tarefas dignas, existe um motivo para comemorar! Condicionar a sua mente e o seu comportamento resulta em sucesso previsível. Recompensar o sucesso une a equipa. Quando se comemora um sucesso em conjunto, surge uma grande ligação e sentimento de posse. No caso dos negócios, quando outros vêem uma equipa a celebrar o seu sucesso, ficam mais aliciados para contribuir para uma equipa vencedora no futuro.

CAPÍTULO 1. O PODER DE UMA HORA

Utilizo frequentemente um programa chamado Mind Manager*, da www.mindjet.com, para estruturar os meus pensamentos. O Mind Manager permite-me criar um mapa conceptual que é uma representação visual daquilo que tenciono criar e de quem tem de estar envolvido. Posso depois imprimi-lo e levá-lo comigo ou publicá-lo como uma página da Internet, para que todos o possam ver. O Mind Manager também me dá a oportunidade de sistematizar o meu processo de pensamento para que, a partir do momento em que me começo a focalizar para a minha Hora de Poder Decisiva, possa começar a reunir as minhas ideias e a ver como elas estão todas interligadas.

A sua capacidade para criar mudança está directamente ligada à sua capacidade para utilizar regularmente o processo do Poder de uma Hora. Quando começar a estruturar as suas horas de acordo com este plano, irá construir o esquema para qualquer mudança que queira concretizar.

---

* N.T. "Gestor da Mente".

Capítulo 2
Como se focalizar – o poder na hora

Focalização e "estar na zona" faz parte da mesma experiência. Definem a capacidade de concentração total numa tarefa, com determinação, até esta estar completa. A capacidade de se focalizar consistentemente e de acordo com a sua vontade é uma competência que muitos nunca irão ter tempo necessário para desenvolver. Para maximizar o esforço numa hora por semana, vou partilhar consigo a minha fórmula do Focalização Intensiva.

A Focalização Intensiva é a capacidade de afastar construtivamente todos os estímulos externos inconvenientes ou indesejáveis e de avançar metodicamente com uma tarefa. É a disposição para praticar a competência uma e outra vez, até desenvolver a eficiência total que assegura o seu sucesso. A Focalização Intensiva permite-lhe alcançar tudo o que for significativo na sua vida; é uma competência que o irá destacar dos seus colegas e garantir o seu sucesso.

Descobri e comecei a desenvolver o conceito de Focalização Intensiva quando estava a aprender artes marciais. As artes marciais são compostas por muitos princípios diferentes, muitas manobras físicas distintas e muitas respostas predeterminadas a uma acção do adversário. Mas os artistas marciais com mais sucesso não são os que conhecem mais técnicas; são os que aperfeiçoam um número razoável de técnicas e as praticam repetidamente. As técnicas não são apenas memorizadas, elas são interiorizadas. São inseridas na memória muscular para que o praticante saiba, apenas pela sensação da técnica, se esta foi executada correctamente ou não.

Descobri que a forma mais rápida de interiorizar as técnicas era através da prática focalizada. Investia todos os dias pelo menos uma hora a praticar as técnicas que estava a aprender. Praticava-as à frente do espelho ou com o meu colega de treino invisível, o George, e praticava-as também com um adversário real. Disciplinava-me de forma a executar a mesma técnica literalmente centenas de vezes, até ficar alojada no meu corpo, para que eu pudesse responder independentemente da circunstância.

Também aprendi a não deixar que os planos ou ataques de outros perturbassem o meu plano. Quando lutava, focalizava-me no meu plano de combate. Focalizava-me em responder ao ataque do meu adversário de uma forma que garantisse um resultado predeterminado; o sucesso era meu devido à minha capacidade de focalização. A dor não conseguia perturbar a minha focalização e o medo e uma mudança de estratégia da parte do outro também não a conseguiam alterar. Apenas eu conseguia alterar a minha focalização e tinha-me treinado para que a alterasse apenas quando o encontro tivesse terminado.

Quando se encontra num estado de Focalização Intensiva, consegue senti-la a invadi-lo. É real – dá vida os seus músculos, à sua mente e aos seus pensamentos. Ela não o dirige; ela impulsiona-o para a frente e nada é impossível.

Responda a estas perguntas sobre a sua experiência:

- Já alguma vez se sentiu absoluta e totalmente focalizado?
- Quando estava no estado de focalização, como é que se sentiu?
- Em que é que pensou quando estava focalizado?
- Como é que se sentiu quando atacou a sua tarefa com precisão?
- O que é que passou pela sua cabeça enquanto estava focalizado?
- Como é que sabe quando está prestes a ficar realmente focalizado?

O poder de uma hora

OITO DICAS PARA CONQUISTAR TEMPO:

- Evite ler *mails* que não são essenciais.
- Limite o seu tempo de navegação na Internet.
- Modere as conversas no café.
- Faça intervalos curtos.
- Filtre o que quer ver na televisão e ouvir na rádio.
- Reduza a utilização do telemóvel.
- Controle as visitas que aparecem no seu escritório.
- Não assuma tarefas não agendadas só porque se lembra delas.

CINCO ÁREAS QUE PODE DESENVOLVER SE TIVER MAIS TEMPO LIVRE:

Aprender uma nova língua – Qual é a língua que gostava de aprender mas nunca teve coragem? Espanhol, Alemão, Francês ou mesmo Chinês.

Começar um passatempo – Por exemplo escrever, pintar, arranjos florais, artes marciais, golfe, mergulho, viajar, escalar montanhas, corridas, pesca, caça, vela ou ciclismo de montanha.

Iniciar uma nova formação – Por exemplo conhecer religiões do mundo, como ganhar dinheiro na Internet, fazer meditação, massagens de terapia ou filosofia.

Desenvolver competências de relacionamento – Por exemplo de comunicação, romance, dança, resolução de conflitos, como seduzir um homem ou uma mulher.

Adquirir novas competências profissionais – Por exemplo de negociação, vendas, discurso, escrita de negócios, gestão e entrevistas.

visite o nosso site
www.actualeditora.com

CAPÍTULO 2. COMO SE FOCALIZAR – O PODER NA HORA

- Como se sente depois de ter entrado "na zona" ou num estado de focalização intensiva?
- Quando está focalizado, que tipo de coisas o faz perder a focalização ou a concentração?
- O que é que o leva a passar de um estado de focalização à inactividade ou à procrastinação?
- Na sua vida quotidiana, quais são as maiores distracções que o perturbam quando se tenta manter focalizado?

Escreva as suas respostas a todas as perguntas numa folha de papel agora mesmo. Para se focalizar melhor, deve saber duas coisas:

1. Como é que me sinto?
2. O que impede a minha focalização?

Depois de ter respondido às perguntas anteriores, as respostas a estas duas questões irão tornar-se muito claras. Despenda tempo a compreender o seu perfil de focalização, para que se possa avaliar melhor à medida que aprende o processo de Focalização Intensiva. Depois de passar pelo processo com uma tarefa, volte atrás e coloque-se estas perguntas novamente. Repare na diferença que faz no seu resultado passar por este sistema.

Agora vamos aprender a Focalização Intensiva. A fórmula para a criar é:

1. Definir claramente onde é que vai focalizar os seus esforços.
2. Definir as acções necessárias para concretizar o projecto.
3. Rodear-se dos instrumentos necessários e de estímulos directamente relacionados com aquilo em que se vai focalizar.
4. Não permitir que distracções desviem a sua atenção.
5. Lançar-se no projecto.
6. Avaliar frequentemente o sucesso do seu esforço, consultando as suas acções e voltando a envolver-se de imediato.

15

O PODER DE UMA HORA

7. Se confrontado com uma distracção física ou mental, limitar-se a reconhecer a distracção, fazer o que for necessário para a esquecer ou remover e voltar a envolver-se de imediato.
8. Continuar até que todas as acções estejam concluídas.
9. Reconhecer a concretização e descontrair.

A fórmula funciona porque conseguirá sempre voltar ao caminho certo; e não voltar ao caminho certo é o maior erro que poderá cometer. É inevitável em qualquer momento de focalização que outros estímulos tenham impacto nela. A interrupção pode surgir sob a forma de um pensamento errante ou persistente ou um evento mais óbvio, como o aparecimento de um colega de trabalho.

Não é a interrupção em si que acaba com a focalização; é a falta de um regresso imediato à acção que destrói o resultado. Observe dois pugilistas num ringue: cada um está focalizado num plano de jogo e na sua interacção com o adversário. Quando um pugilista é atingido, ele focaliza-se em proteger-se, movimentar--se e golpear o adversário. Só quando a sua focalização e ritmo são quebrados é que ele começa a ser fortemente atingido e, em última análise, poderá perder.

O processo de Focalização Intensiva

Defina claramente em que é que vai focalizar os seus esforços

Terá de conseguir definir claramente em que é que vai focalizar o seu esforço, para que lhe possa prestar a sua total atenção. Ao estar claro sobre a sua intenção e definição, fica apto a limitar a sua atenção aos pormenores mais importantes. Uma definição clara também lhe permite verificar rapidamente o seu progresso, para se assegurar de que continua no caminho certo. Dizer "Nas próximas três horas vou fazer os três projectos mais importantes da minha lista de tarefas" nunca será tão eficaz no desenvolvimento da focalização como dizer "Nos próximos 45 minutos vou escrever o novo plano de compensação para a equipa de vendas".

Defina as acções necessárias para concretizar o projecto

Divida o seu projecto em acções exequíveis, para que possa focalizar a sua atenção na realização de cada acção. Ao saber o que está a fazer e o que vai alcançar a seguir, será capaz de seguir o plano com facilidade. Está também a riscar mentalmente as tarefas que já foram concretizadas de cada vez que finalizar uma acção. Definir as acções garante a concretização adequada e rápida do projecto, e permite-lhe voltar rapidamente ao seu estado de focalização caso se desvie do assunto.

Rodeie-se de instrumentos e estímulos relacionados com a sua focalização

Sempre que precisa de algo que não tem para concretizar uma tarefa, está a quebrar a sua focalização. Despenda algum tempo a delinear as suas acções, a identificar quais os instrumentos de trabalho que irá precisar e, de seguida, adquira-os. Também deve determinar se será necessário algum estímulo adicional ou outro material. Se está a criar um plano de compensação, poderá necessitar de livros, relatórios financeiros, uma revista actual de vendas que tem uma ideia original para planos de compensação; estas coisas podem estimular algumas ideias que poderá querer incluir no seu plano.

O Poder de uma hora

Não permita que distracções desviem a sua atenção

As distracções externas, como interrupções físicas, são de longe os mais óbvios assassinos de focalização que irá encontrar, mas os maiores criminosos são os pensamentos ocasionais e as distracções internas que permitimos que desviem a nossa atenção.

Se estiver a trabalhar num escritório, feche a porta, coloque nela um sinal ou retire-se do local onde é provável que seja interrompido. Certifique-se de que aqueles que têm mais probabilidade de o interromper sabem que não deve ser incomodado por um período de tempo definido. Dê instruções específicas sobre o que é uma emergência, para que os outros saibam exactamente por que motivos o podem interromper.

Não se esqueça de remover ou minimizar os maiores assassinos do seu estado de focalização: telemóveis, correio electrónico, mensagens instantâneas, *pagers* e o seu BlackBerry.

Lance-se no projecto

Acredite ou não, o facto de não ter uma acção decisiva para iniciar impede muitos de se focalizarem. Quando tiver dado os passos anteriores, deve lançar-se no projecto com a intenção de fazer progressos rápidos.

A focalização é um processo físico e mental. A fisiologia do seu corpo vai apoiar o seu esforço de focalização. À medida que ganhar mais experiência a encontrar a sua focalização, irá aperceber-se de que há uma forma específica de como se sente quando começa algo bem e com confiança, quando está focalizado. Quando souber qual é essa sensação, poderá recriá-la mais rapidamente e também terá o *feedback* imediato que o faz saber que está no sítio certo.

CAPÍTULO 2. COMO SE FOCALIZAR – O PODER NA HORA

Avalie com frequência o seu sucesso, consultando as suas acções e voltando a envolver-se de imediato

Quanto mais experiência tiver com a focalização, mais fácil e automática se tornará a verificação do seu progresso. A capacidade para se focalizar intensivamente e de manter a focalização é apoiada pela capacidade de observar progressos, mesmo quando estes parecem ser mínimos. Desde que a sua mente reconheça realizações positivas, vai apoiar o avanço do processo, independentemente do quanto este pareça ser difícil. Quando sai fora do caminho ou não consegue observar o sucesso, o seu cérebro apresenta-lhe muitas mais distracções que lhe irão retirar concentração.

Quando confrontado com distracções físicas ou mentais, reconheça-as, faça o que for necessário para as esquecer ou remover e volte a envolver-se de imediato

Voltar a envolver-se de imediato é a sua arma secreta para a Focalização Intensiva. Sempre que se distrair, não perca tempo a pensar ou a falar sobre o quanto estava focalizado. Limite-se a reconhecer a distracção, esqueça-a ou, se necessário, lide com ela e depois esqueça-a. Uma vez que as distracções criadas internamente podem ser as mais destrutivas, assim que der por si com um pensamento errante, pare. Reconheça que houve uma tentativa de destruição da sua focalização, depois renove-a avaliando onde se encontrava no seu processo e volte a envolver-se. O processo é o mesmo para as distracções exteriores: esqueça-as, ou lide com elas e esqueça-as, e de seguida volte a envolver-se de imediato.

19

O Poder de uma hora

Continue até que todas as acções estejam concluídas

Não permita que a sua focalização se altere a não ser que haja alguma razão forte para que não possa continuar. Seja metódico na sua abordagem. Siga as suas acções, avalie, volte a envolver-se e repita até ter concluído a sua tarefa.

Reconheça a concretização e descontraia

A focalização é um esforço intenso que alcança resultados incríveis, mas não pode durar para sempre. Quando concluir o seu projecto, reconheça mentalmente que teve sucesso, que a sua tarefa foi concretizada ou chegou a um fim predeterminado, e que pode agora descontrair a sua focalização.

Ao descontrair a sua focalização, permite que o seu cérebro e o seu corpo libertem o *stress* acumulado. Respire fundo, dê um breve passeio, beba um copo de água – faça algo que coloque um pouco de espaço mental entre o seu último projecto e o próximo. Isto torna-se ainda mais importante se o seu próximo projecto requerer que se focalize intensivamente outra vez.

A focalização é uma competência que melhora com a prática. Deve praticá-la regularmente em áreas diferentes da sua vida. Quanto mais e melhor se focalizar, mais rápida e eficientemente irá conseguir concretizar o que quer que seja.

Algumas dicas para se focalizar com sucesso:

- Agende alturas específicas para se focalizar; tente fazer com que seja na mesma altura todos os dias ou todas as semanas. Pense em qualquer outra rotina que tenha; se tiver o hábito de a fazer, torna-se quase automática. A focalização reage da mesma forma a alturas previsíveis.

- Crie um ambiente que apoie a sua focalização e preserve-o consistentemente. Treine o seu cérebro e o seu corpo a reagirem de uma forma previsível relativamente a circunstâncias ou estímulos externos.
- Expanda a sua capacidade para se concentrar. A concentração é outra forma de focalização. Ao expandir a sua capacidade de concentração, irá expandir a sua capacidade de focalização. Irá apenas aplicar o poder da concentração na focalização. Quanto mais se concentrar, menos interrupções internas terá.

Ao longo deste livro, terá muitas oportunidades de se focalizar uma hora de cada vez. A sua capacidade para criar mudança na sua vida ou nos seus negócios está directamente relacionada com a sua capacidade para criar uma focalização intensiva. Para o ajudar a começar, vamos percorrer o primeiro plano de acção de uma hora que pode utilizar para criar a Focalização Intensiva.

Plano de acção de uma hora

O que quero conquistar especificamente?

Criar Focalização Intensiva
O que é que vou fazer, especificamente, para identificar a primeira área de focalização?

- Avaliar as áreas da minha empresa que mais quero melhorar e desenvolver um plano completo com acções para as melhorar.

- Avaliar a informação que recolhi com as perguntas anteriores e estudar as respostas, para compreender totalmente por que é que estou a empreender esta acção e o que tenho de fazer para ter sucesso.
- Listar os passos específicos necessários para alcançar o resultado desejado.
- Atribuir prazos a cada passo.
- Apontar quem vai estar envolvido ou ser responsável por cada medida, caso outros devam estar envolvidos.
- Atribuir e agendar tempo para que este plano de acção e passos a ele associados sejam implementados.
- Como irá definir o sucesso, para que saiba que o conquistou?
- Qual é a acção que pode realizar neste preciso momento para iniciar este plano de acção?

CAPÍTULO 3
COMO PENSAR CRITICAMENTE

O pensamento crítico é uma competência que é obrigatório aprender, compreender e utilizar, para transformar os seus negócios ou a sua vida numa hora por semana. O pensamento crítico dá-lhe uma base consistente para identificar problemas e desenvolver soluções importantes para esses problemas.

O que é o pensamento crítico?

Muitos sabem realmente o que é pensar criticamente. O pensamento crítico é muitas vezes mal interpretado como pensar algo negativo ou crítico sobre uma ideia e nada pode estar mais longe da verdade.

Pensamento crítico é o processo de avaliar informação, ideias e situações, para se chegar à decisão mais razoável e justificável sobre o assunto. Deixe-me dar-lhe um exemplo de pensamento crítico em acção.

Provavelmente já ouviu dizer que perde 90 por cento do calor do seu corpo pela cabeça. Na verdade, provavelmente já repetiu essa ideia sem sequer pensar nela. Vamos aplicar um pensamento crítico muito simples a esta ideia e ver se ela resiste.

23

O PODER DE UMA HORA

Perguntas a fazer

1. Qual é a percentagem do corpo humano que a cabeça representa?
2. É possível perder tamanha proporção do calor do seu corpo, através de uma parte que representa uma percentagem relativamente pequena do corpo todo?
3. Há alguma razão para que a cabeça liberte calor a uma velocidade maior do que o resto do corpo?
4. Se a resposta à questão número 3 for "sim", então devo poder vestir apenas um gorro e mesmo assim manter-me quente. Isso é possível?

Análise

Uma dedução simples demonstra neste caso que é improvável que percamos 90 por cento da temperatura do nosso corpo pela cabeça. Uma alternativa possível é que, quando o resto do corpo está coberto, mas a cabeça não, perdemos 90 por cento do calor que se está libertar através da nossa cabeça. Se mesmo assim estamos indecisos, um simples teste irá provar ou refutar a teoria. Se pudéssemos reter 90 por cento da temperatura do nosso corpo apenas ao usar um gorro, então deveríamos poder estar numa câmara frigorífica vestidos confortavelmente com nada mais do que um gorro. Se despirmos todas as roupas à excepção do gorro e entrarmos na câmara frigorífica, conseguimos dizer passado pouco tempo se a afirmação é verdadeira ou não.

Utilizo um exemplo bastante absurdo, porque todos os dias nos nossos negócios e na nossa vida pessoal nos deparamos com oportunidades igualmente questionáveis. Temos de decidir se agimos ou não tendo por base a informação que recebemos. Se não tivermos estabelecido um forte processo de pensamento crítico, iremos perder muitas oportunidades e ser vítimas de ideias que facilmente seriam recusadas.

Capítulo 3. Como pensar criticamente

No dia-a-dia das nossas vidas e negócios, a Internet e a exposição regular a mensagens de meios de comunicação aumentou a sua necessidade de pensamento crítico. Pense na quantidade de mitos urbanos que lhe têm sido reencaminhados via correio electrónico ou nas ideias que são apresentadas como factos nas páginas da Internet. Existe até um *site* com milhares de entradas (www.snopes.com) dedicado a dissipar mitos urbanos e rumores. Considere também a quantidade de informação que recebe através da televisão, da rádio, dos jornais e de correspondência, que têm objectivos e premissas muito específicos, que pode ou não ser completamente factual.

Pensamento crítico não é um processo difícil, mas é um processo que requer que se pare e pense. As mensagens que passam pelos nossos filtros de pensamento crítico são muitas vezes elaboradas para fazerem isso. A informação é apresentada de tal forma que, quando é encontrada, não irá ser avaliada, irá apenas ser aceite como verdade ou como um facto. Algumas técnicas utilizadas para criar mensagens que convencem são: apresentação da informação como um facto; apresentação da informação como uma história interessante contada no contexto de um evento determinante (por exemplo, uma história de extrema tristeza ou infelicidade resultante de um grande desastre natural com a finalidade de angariar fundos, mas que é na realidade uma combinação de incidentes abstractos de muitos desastres). Outras técnicas incluem mentir sem rodeios, deixar de parte informação importante e deixar que se chegue a uma conclusão implícita, e muito mais.

Não escrevi este capítulo para o tornar paranóico ou para sentir que precisa de pensar criticamente sobre cada acção que assume. A finalidade é apenas fazer com que saiba que, se receber uma mensagem que parece suspeita ou demasiado boa para ser verdade, poderá querer reflectir sobre ela. Estou também a apresentar informação para que possa tomar decisões melhores e mais informadas, baseadas num raciocínio seguro que lhe permitirá avançar rápida e lucrativamente.

Como pensar criticamente

O processo de pensamento crítico não é difícil; requer apenas que coloquemos as perguntas e validemos as respostas que recebemos. O poder do pensamento crítico está nas perguntas originais e nas perguntas de seguimento que fazemos. Quanto melhor e mais completa for a informação que recebemos, mais probabilidades temos de tomar uma decisão correcta sobre um determinado acontecimento. Os passos para o pensamento crítico são:

1. Reconhecer que é um pensador crítico e aplicar as competências com regularidade.
2. Compreender os obstáculos ao pensamento crítico e evitá--los.
3. Ouvir os argumentos e compreendê-los.
4. Avaliar a legitimidade das provas.
5. Avaliar o caso.

Reconhecer que é um pensador crítico e aplicar as competências com regularidade

O pensamento crítico não retira a escolha ou a emoção; apenas lhe faculta uma forma de determinar qual a decisão adequada, mesmo quando está a ser fortemente influenciado pelas suas emoções. Ao praticar o pensamento crítico, pode tomar decisões melhores em ambientes muito pesados. Esforce-se por desenvolver todos os dias os atributos essenciais de um pensador crítico e depressa se encontrará a tomar melhores decisões.

Os atributos essenciais revelados pelo pensador crítico consistem na flexibilidade intelectual, curiosidade, cepticismo razoável, mente independente e vontade de explorar. Vamos observar um pouco mais de perto cada um.

CAPÍTULO 3. COMO PENSAR CRITICAMENTE

Flexibilidade intelectual é a capacidade e disposição para considerar múltiplas ideias e pontos de vista e ponderá-los racionalmente com a finalidade de chegar a uma conclusão, mesmo quando a conclusão é diferente das suas convicções. Para pensar criticamente, tem de estar disposto a aceitar que pode haver uma ideia ou solução diferente da sua. Também tem de estar disposto a experimentar a nova ideia, mesmo quando tal tem impacto numa convicção fortemente adoptada. Se conseguir suspender temporariamente a sua convicção, poderá avaliar uma ideia com muito mais pormenor.

A curiosidade dá-nos a capacidade de fazer mais e melhores perguntas. Quanto mais curiosos formos sobre um assunto e quanto mais o abordarmos com uma atitude de aprendizagem ou exploração, mais informação iremos receber. Seja específico quando questionar e terá melhores respostas.

Ter uma mente independente significa conseguir evitar que as pressões sociais ou influências exteriores deturpem o seu processo de tomada de decisão. A pressão social e o pensamento colectivo são ferramentas poderosas de conformidade, mas são também grandes indicadores de que é necessário um significativo pensamento crítico. Considere o que o grupo está a dizer e o que quer, mas encare as questões racional e independentemente para decidir se o grupo está correcto. A maior parte da pressão social e do pensamento colectivo contempla generalidades em vez de especificidades. Explore até aos pormenores e verifique se estes apoiam a ideologia do grupo.

Por fim, vontade de explorar significa ter a coragem de se disciplinar a procurar sempre ideias melhores. Na minha vida e nos meus negócios, a minha vontade de explorar conduziu-me a mais saltos extraordinários e a mais novas oportunidades do que qualquer outra coisa. Ao procurar soluções em lugares inesperados, ou ao questionar normas, irá encontrar sempre novas possibilidades. A disciplina permite-lhe despender o esforço e estudo necessários para fazer bons juízos.

O PODER DE UMA HORA

Compreender os obstáculos ao pensamento crítico e evitá-los

A linguagem utilizada para apresentar um argumento pode ocultar a verdade, induzir-nos em erro ou confundir-nos. Temos de ouvir cuidadosamente o que está a ser dito e clarificar a linguagem. Convicções e preconceitos são obstáculos ao pensamento crítico; tem de suspender temporariamente as suas convicções e preconceitos para explorar totalmente a possibilidade da situação. Desafie a velha ideia de que "tem-se feito sempre assim."

A utilização de números e informação é também um obstáculo utilizado por aqueles que o colocariam a não pensar criticamente. É fundamental que questione a informação e compreenda a metodologia utilizada para desenvolver os números. Foi utilizada uma amostra estatisticamente viável para obter esta informação? Quais foram especificamente as perguntas colocadas e respondidas que conduziram a esta conclusão? De todas as técnicas de ocultação e confusão, os números e informação são as mais fáceis de utilizar para nos levar a fazer julgamentos precipitados. Se nove em cada dez pessoas acreditam numa coisa, então deve ser verdade, não é? Bem, depende de quem são essas nove de dez pessoas e do que lhes foi perguntado. Não deixe passar ideias apoiadas essencialmente por números. Questione-as com mais pormenor se estiverem elaboradas para influenciar uma das suas convicções ou uma decisão que tenha tomado. Se forem verdadeiras e estiverem correctas, e tiverem impacto na sua convicção, então esteja disposto a mudar.

Ouvir os argumentos e compreendê-los

A palavra discussão é frequentemente utilizada em vez de contenda ou desacordo. Para o pensador crítico, a discussão de argumentos é usada para apresentar as razões que apoiam a conclusão. Oiça e procure palavras ou expressões como "o que nos

28

Capítulo 3. Como pensar criticamente

leva a concluir", porque, logo, e por aí adiante. Estas palavras ou expressões, anteriores a uma conclusão, indicam geralmente que a informação anterior foi a justificação para a decisão.

Os argumentos podem ser divididos em duas categorias: indutivos e dedutivos. Num argumento dedutivo, pode deduzir-se logicamente B a partir A. Assim, se todos os pilotos podem pilotar aviões e Tim é piloto, logo ele pode pilotar um avião.

Os argumentos indutivos não são "preto no branco". Não chegam às suas conclusões segundo a lógica; eles procuram provar os seus argumentos com fundamentos razoáveis para chegar a uma conclusão. Independentemente do quanto os fundamentos possam parecer razoáveis, nunca irão comprovar a conclusão com certeza absoluta. Quando procura uma conclusão com um argumento indutivo, tem de avaliar níveis de probabilidade em vez de "certos" ou "errados" e também até que ponto os elementos que conduzem à conclusão são todos verdadeiros. Se a premissa do argumento for verdadeira, faz com que haja uma maior probabilidade de a conclusão também estar certa, se a premissa tiver sido interpretada correctamente.

Avaliar a legitimidade das provas

Para se chegar a uma boa conclusão, é obrigatório avaliar as provas que estão a ser utilizadas para apoiar a conclusão. As provas são geralmente apresentadas em termos de factos encontrados em livros ou noutras publicações, experiências de um indivíduo em primeira mão, ou estudos e pesquisas publicados.

Tal como referi há pouco sobre os números, é obrigatório que questione a validade da informação que está a receber. Se a informação parte de alguém, este tem as qualificações e experiência necessárias para fazer tal afirmação ou tomar tal decisão? Tem alguma razão para influenciar a informação ou demonstra qualquer outro preconceito? Tem um histórico de precisão?

O PODER DE UMA HORA

Ao tomar uma decisão, certifique-se de que está a confiar em informação que é precisa, honesta e completa. Conduzir os outros a conclusões incorrectas por omissão também é mentir. Avaliar as provas é uma das tarefas mais morosas do pensamento crítico.

Avaliar o caso

Avaliar a soma total da informação é o processo que lhe permitirá decidir em que acreditar ou qual a linha de acção a seguir numa determinada situação. Tem de se interrogar se as pressuposições estão certas, se se têm revelado verdadeiras ou se as provas sugerem que é razoável aceitar a pressuposição sem mais exploração.

Deve também interrogar-se se há informação relevante suficiente que apoie o raciocínio que conduziu à conclusão. Quando pondera as provas que apoiam ou refutam um argumento, quanto mais válidas forem as fontes que as apoiam ou refutam, mais forte é o argumento.

Por fim, tem de se interrogar se o argumento está completo. Está a tomar uma decisão baseada em todos os factos ou faltam alguns? Se há factos em falta, tem de voltar atrás e pesquisar mais, para aceitar informação inteiramente factual antes de tomar a decisão final.

O pensamento crítico irá permitir-lhe tomar melhores decisões mais rapidamente e irá ajudá-lo a remover a componente emocional associada às decisões rápidas. O pensamento crítico pode decorrer muito rapidamente ou pode levar tempo, dependendo da importância da decisão e da quantidade de informação que tem disponível quando a tomar. Quando confrontados com a necessidade de tomar uma decisão de uma forma rápida, os pensadores ineficazes baseiam as suas decisões apenas nas suas emoções; os pensadores críticos seguem um processo que garante a probabilidade mais elevada de tomar a decisão certa. Se depois de ter

30

CAPÍTULO 3. COMO PENSAR CRITICAMENTE

seguido o processo de pensamento crítico o seu instinto lhe diz que está a faltar alguma coisa, então provavelmente falta alguma coisa. Volte atrás e reveja as suas provas, estude o argumento de perto e siga novamente os passos do pensamento crítico até obter a decisão correcta.

Por fim, colocar a decisão em prática é o teste final da conclusão. Se quando fizer o teste recolher mais *feedback* ou informação, seja flexível o suficiente para saber quando modificar a sua decisão. O que é sem dúvida verdadeiro hoje pode não o ser amanhã, devido a informação adicional ou a circunstâncias que não existiam antes. Quase tudo o que era tido como verdadeiro há 500 anos atrás provou-se incorrecto pela informação e conhecimento que temos hoje. Permaneça flexível, pense criticamente e aplique activamente. Esta é chave para criar soluções de sucesso.

CAPÍTULO 4

COMO PENSAR CRIATIVAMENTE

Estar preparado para pensar criativamente é uma competência que o irá ajudar muito ao longo de toda a sua carreira e que poderá transformar a sua vida ou os seus negócios. Pensamento criativo é, muitas vezes, mal interpretado como contornar as regras. É também encarado com frequência pelo seu sentido artístico. Apesar de cada uma destas definições poder funcionar nalguns casos, eu defino pensamento criativo desta forma: o pensamento criativo é a capacidade de ligar o aparentemente desligado, para criar uma nova possibilidade.

Alguns acreditam que o pensamento criativo é difícil. Na verdade, não o é; fazemo-lo espontânea e naturalmente todos os dias. Quase diariamente, um de nós tem boas ideias quando estamos a pensar sobre algo. O pensamento criativo acontece porque se utiliza um processo de pensamento criativo e se focaliza tempo nele. É uma competência que pode ser desenvolvida eficazmente para o tornar extremamente eficaz.

Uma das primeiras actividades que realizo com novos clientes é levá-los a fazer uma série de exercícios de pensamento criativo. Quero as suas mentes preparadas para pensar de forma abrangente, quero-os a pensar sobre possibilidades e quero que eles saibam que praticamente todos conseguem pensar criativamente.

Experimente fazer agora este exercício.

Encontre Einstein

Albert Einstein é considerado um dos melhores e mais brilhantes pensadores da História recente. Se tivesse por um momento os pensamentos e sabedoria dele, seria capaz de encontrar uma revelação de sabedoria que pudesse usar ou aplicar? Não se esqueça que Einstein estava a trabalhar como escriturário de baixa patente quando desenvolveu a teoria da relatividade. Ele fez algumas ligações loucas – o leitor também as pode fazer.

Leia na totalidade os parágrafos seguintes, depois faça os exercícios. Antes de começar, quero que pegue num problema simples para o qual gostaria de ter uma solução alternativa. Não escolha um problema de "salvar o mundo", apenas algo que lhe interesse e sobre o qual gostaria de ter ideias novas.

Primeiro exercício

Quero que inspire fundo pelo seu nariz, puxe o ar todo até às suas ancas expandindo as suas costelas e o seu estômago, retenha-o uns segundos e depois expire. Repita o processo. Feche os olhos e imagine que está a andar na praia, o sol brilha, há uma brisa quente a soprar-lhe na cara e estão no ar todos os seus cheiros favoritos. Repare realmente como é que sente as coisas – o sol a penetrar nos seus músculos, o vento na sua cara, os cheiros maravilhosos a misturarem-se no seu nariz. Enquanto anda, vê um banco e decide sentar-se e relaxar. Estica as pernas para a frente e os braços ao longo das costas do banco; inclina a cabeça e deixa-a apoiar-se nas costas do banco. Ao relaxar, apercebe-se de que alguém está sentado ao seu lado.

Olha para o lado e percebe que o estranho lhe parece ligeiramente familiar e, assim que percebe que é Albert Einstein, ele diz "Olá." O Sr. Einstein continua: "Reparei no ar intrigado da sua cara, como se estivesse a ponderar uma questão. Pode dizer-me em que é que estava a pensar?"

CAPÍTULO 4. COMO PENSAR CRIATIVAMENTE

Enquanto continua a relaxar, faça a sua pergunta ao Professor Einstein. Repare na cara dele enquanto ele pensa sobre a sua pergunta. Repare como ele já formulou uma resposta, ou várias, e começa a revelá-las. Preste atenção ao que ele diz; oiça as metáforas, as comparações ou as respostas directas. Quando ele acabar, agradeça-lhe, abra os olhos e escreva as respostas que lhe deu no bloco que traz consigo.

Se tiver dificuldades em lembrar-se do que fazer, leia simplesmente este texto para um gravador e oiça a cassete. Leia-o numa voz lenta e moderada, para que tenha tempo de realizar cada acção antes de vir a próxima. Depois de completar o exercício, ao longo do dia, quando surgir uma ideia nova relativa à sua questão, escreva-a. No final do exercício e no final do dia, terá muitas soluções novas para o seu problema, garanto-lhe.

Quero que coloque esta pergunta importante. *Não* está a fazer este exercício, porque se sente envergonhado ou desconfortável? Não o está a fazer, porque não acredita neste tipo de pequenos jogos tolos? Seja qual for a sua desculpa, vou pedir-lhe respeitosamente que suspenda a sua incredulidade por um momento e que apenas complete o processo.

Eis por que é que o processo funciona. Quando consegue ver uma coisa através dos olhos de alguém, tem uma outra perspectiva. Ao pedir a si mesmo que enquadre as suas respostas na voz e na ideologia de outro, irá ter novas ideias. Está a comunicar espiritualmente com Einstein? Claro que não; está simplesmente a dar ao seu cérebro autorização para trabalhar fora dos limites e das estruturas normais que utiliza para o manter dominado.

A informação e o estímulo são a chave para desenvolver o pensamento criativo e as ideias. Se se rodeia das mesmas pessoas e informação de cada vez que se prepara para resolver um problema, raramente irá ter novas respostas para os velhos problemas. Tem de alimentar a sua mente com informação nova, com a qual poderá chegar a conclusões ou tomar decisões.

35

O PODER DE UMA HORA

Estímulo criativo

Perguntas melhores são uma das melhores chaves para as novas ideias e os novos pensamentos. Faça perguntas como estas:

- O que aconteceria se?
- E se não fizéssemos?
- E se fizéssemos?
- Quem poderia resolver este problema?
- O que é que nunca funcionaria e porquê?
- Qual é a ideia mais estranha de que se lembra relativamente ao desafio em mãos?
- Como é que resolveríamos este problema se tivéssemos todo o dinheiro do mundo para nos concentrarmos nele?
- Como é que resolveríamos este problema se a nossa vida dependesse dele?
- Se tivesse uma varinha mágica que resolvesse este problema, o que é que aconteceria?

O estímulo pode surgir sob muitas formas. Ao recolhermos ideias e pensamentos relacionados e não relacionados, podemos começar a combiná-los para descobrir possibilidades únicas.

Segundo exercício

Este é um exercício interessante que pode experimentar com um problema que enfrente. Leva menos de uma hora e é muito importante. Mais uma vez, alguns dos leitores não se irão sentir confortáveis com este tipo de processo. Lembre-se, a ideia é afastar-se dos seus hábitos e estilos de pensamento antigos e fazer surgir novas possibilidades.

Antes de começar a pensar sobre o problema, reúna uma série de revistas – revistas de comércio, de negócios, de desporto, de carros, jornais – o máximo de publicações diferentes que consiga arranjar.

36

CAPÍTULO 4. COMO PENSAR CRIATIVAMENTE

De seguida, escreva o seu problema no topo de uma página de um *flip chart** ou no topo de um quadro branco. Escreva a sua questão de forma a ficar bem definida. Lembre-se de que os problemas bem definidos atraem soluções importantes.

Agora, olhe para a questão e comece a folhear as revistas. Sempre que vir algo que lhe interesse, pare, recorte essa figura ou arranque a página e cole-a na folha do *flip chart*. Se lhe fizer lembrar o problema, recorte-a; se for interessante, recorte-a; se for uma solução para o problema, recorte-a. Quando encher a sua página do *flip chart* com imagens e ideias, pare por um momento.

Olhe para a folha onde está escrito o seu problema. Observe todas as ideias. Numa outra página, escreva como é que cada pedaço de papel colado à folha se aplica ao problema. Comece a olhar para as ideias que surgem e a reduzi-las a ideias ou possibilidades que funcionem e sejam praticáveis.

Irá espantar-se com o resultado deste processo. Liberta a sua mente e dá-lhe a capacidade de estabelecer ligações. Essas ligações são fundamentais. Estudos recentes sobre o cérebro têm provado que os nossos cérebros, quando expostos a mais estímulos, reagem estabelecendo mais ligações entre as diferentes áreas do cérebro, enviando mais sinapses através das ramificações das células nervosas que as ligam. Tem de dar ao seu cérebro espaço para este crescer e experimentar coisas novas ou ele simplesmente não irá crescer. Em 1993, Dean Keith Simonton da Universidade da Califórnia–Davis relatou um estudo de 2.036 cientistas ao longo da História (*Newsweek*, 28 de Junho). Descobriu-se que os cientistas mais respeitados produziram em maior quantidade do que os seus colegas, tanto trabalhos notáveis como trabalhos pobres. Mas, como eles estavam focalizados em produzir, eles produziram.

Esqueça a ciência por um momento. Um batedor de basebol que consiga bater 500 vezes numa época é uma lenda, mesmo que tenha falhado metade das oportunidades; contudo, a possibilidade de falhar

---

* N.T. Uma espécie de bloco de notas gigante fixo num cavalete.

não o impediu de tentar acertar na bola. Corra alguns riscos – tente "acertar com o taco" nas oportunidades que lhe são apresentadas.

Passe a sua hora de forma criativa

Às vezes o melhor para estimular o pensamento criativo é fazer algo diferente. Como iremos abordar ao longo do livro, desligar--se por momentos e expandir os seus horizontes pode dar ao seu cérebro a oportunidade de estabelecer inconscientemente ligações que, posteriormente, podem emergir. Eis algumas ideias para passar a sua hora de forma criativa.

- Dê um passeio ou vá correr.
- Pinte um quadro.
- Escreva um poema.
- Visite uma galeria.
- Visite alguém no hospital.
- Vá ao parque.
- Fale com alguém de uma outra cultura.
- Coma uma refeição étnica que nunca provou antes.
- Veja um canal de televisão estrangeiro.
- Leia uma revista que nunca leu.
- Conte os passos do seu escritório até ao seu destino.
- Pregue uma partida pelo telefone ao seu cônjuge, amigo ou companheiro/a.
- Coma um chupa-chupa e conte quantas lambidelas deu para o acabar.
- Compre um *Creative Whack Pack* de Roger Von Oech e siga as sugestões de um dos cartões.
- Consulte um vidente.

Faça simplesmente algo diferente, alargue os seus horizontes e irá expandir a sua capacidade de pensar criativamente. O que é fantástico no pensamento criativo é que todos valorizam um pensador criativo. O seu valor crescerá à medida que aumentar a sua

CAPÍTULO 4. COMO PENSAR CRIATIVAMENTE

capacidade de pensar criativamente. Outro aspecto formidável é que o seu cérebro irá recompensá-lo, estabelecendo mais e melhores ligações assim que começar a praticar o pensamento criativo.

Nunca é de mais acrescentar o quanto esta hora irá ser importante para si, para o resto da sua vida. As horas que investir agora irão ser amortizadas várias vezes.

Aviso

A maior parte dos leitores não vai sequer tentar fazer um dos exercícios deste capítulo. Não deixe que o receio de se sentir desconfortável o trave. Torne isto numa oportunidade de se exprimir de uma forma diferente de tudo o que já experimentou.

Um último exercício

Aqueles que já leram até aqui e que consideram os exercícios anteriores excessivos, façam o seguinte. Vão à loja de brinquedos e comprem uma caixa gigante de Lego. Vá lá, comprem também o avião Lego ou o barco dos piratas para se divertirem. Escondam-se onde ninguém vos possa ver e construam um modelo do vosso problema. Façam-no tão grande e complexo quanto necessário. Depois, voltem a ele com regularidade e construam soluções. Até os mais adversos à criatividade conseguem fazer este exercício. Quando o tiver feito, tente fazê-lo com a sua equipa. Ponha-os a construir um modelo da organização e a explicar por que é que o construíram dessa forma. Ficará espantado com o que vai retirar desta experiência – mas não se limite a acreditar na minha palavra. Construa-o e as ideias irão surgir!

Ideias loucas em acção

A última coisa a fazer quando pensa criativamente é trazer tudo de volta a uma solução praticável. Tem de pegar nas melhores

O PODER DE UMA HORA

ideias e limar-lhes as arestas. Tem de aplicar pensamento crítico para as adaptar à solução perfeita. Não se esqueça, o pensamento criativo está aí para revelar a solução. O pensamento crítico permite que lhe dê estrutura e substância. Aplique lógica e processo para tornar as ideias criativas em planos praticáveis.

Plano de acção de uma hora

O que é que quero conquistar especificamente?

Pensar criativamente.

O que é que vou fazer especificamente para pensar hoje de forma criativa?

- Identificar um exercício de criatividade que possa fazer e identificar um problema ao qual o gostaria de aplicar.
- Avaliar a informação recolhida com as perguntas e exercícios anteriores e estudar as respostas, para compreender totalmente quais são as ideias que têm de ser processadas e aperfeiçoadas para implementação.
- Aplicar lógica e pensamento crítico de forma a desenvolver um plano para implementar a solução.
- Listar os passos específicos necessários para alcançar o resultado desejado.
- Atribuir prazos a cada passo.
- Apontar quem vai estar envolvido ou ser responsável por cada passo, caso outros devam estar envolvidos.
- Atribuir e agendar tempo para que este plano de acção e passos a ele associados sejam implementados.
- Como irá definir o sucesso, para que saiba que o conquistou?
- Qual é a acção que pode realizar neste preciso momento para iniciar este plano de acção?

CAPÍTULO 5

HORA PESSOAL 1 – PREPARAR O TERRENO

Muitas vezes as tentativas para criar mudança pessoal ou nos negócios falham, porque não nos preparamos adequadamente para o sucesso. Nesta primeira hora, vamos preparar o terreno para gerar sucesso com a mudança que iremos criar ao longo das próximas horas.

Definir claramente o seu resultado é o passo mais importante que irá dar na preparação do terreno. Quero que mantenha este princípio científico de acção em mente. Não deve realizar qualquer acção externa ao seu corpo antes de a ter realizado na sua mente. E não pode agir mentalmente antes de decidir primeiro e de forma específica o que quer fazer.

A mente é uma máquina espantosa, que funciona tanto quando está conscientemente a prestar atenção como quando não está. A capacidade de processar informação a um nível inconsciente é um dos aspectos que nos permite alcançar qualquer resultado desejado.

Comece a preparar o terreno definindo claramente, em três passos, o resultado desejado.

O PODER DE UMA HORA

Três passos para preparar o terreno

1. *Defina claramente o que pretende.* Dizer que quer perder nove quilos não é suficientemente específico. Seja claro na sua intenção. Eis um óptimo exemplo de uma definição clara do que se pretende alcançar: "A minha intenção é alcançar um peso saudável que defino como sendo 82 quilos, participando num programa de exercícios para o qual reservo 45 minutos todos os dias. Estou a conquistar este objectivo para proteger a minha saúde a longo prazo, para que me sinta melhor quando me olho ao espelho e para atrair o/a companheiro/a perfeito/a para mim, que também é magro/a e está em boa forma."

2. *Defina especificamente o que vai fazer para criar a mudança.* Se vai participar num programa de exercício ou num programa de poupanças, escreva quais são exactamente os passos que pretende dar. Mais uma vez, seja específico. Dizer que vai fazer 45 minutos de exercício físico por dia nunca é tão importante como dizer que vai fazer 45 minutos de exercício por dia, a começar às sete horas todas as manhãs, e depois incluir isso na sua agenda. Ao concretizar uma acção tão simples como criar o seu plano, já começou a avançar com o processo, o que ajuda a garantir o sucesso.

3. *Determine como irá saber se teve sucesso.* Muitos sucessos passam despercebidos porque quem os conquistou não se apercebe de que já atingiu o seu objectivo. Continua a perseguir um objectivo depois de o ter alcançado ou, pior, dificulta o sucesso ao mudar de assunto, com a desculpa de que está a tentar caminhos diferentes porque os outros não resultaram. Pergunte-se sempre que se preparar para alcançar algo novo: Como é que defino o sucesso e como é que saberei quando o conquistei? Consegue conquistar mais facilmente aquilo que pode quantificar e avaliar.

42

CAPÍTULO 5. HORA PESSOAL 1 – PREPARAR O TERRENO

Os três passos para preparar o terreno, em mais pormenor

Vamos percorrer juntos estes três passos.

Passo 1 – Defina claramente o que pretende

No Passo 1, quando definir especificamente o que quer, tem de levar o seu tempo a compreender se o que se está a propor alcançar ainda é um objectivo válido. São demasiadas as vezes em que continuamos a perseguir objectivos que foram importantes numa dada altura, mas que já não são válidos. Temos tendência para pensar que aquilo que nunca alcançámos no passado pode ainda ser uma realização de mérito. Talvez o fosse, mas compete--lhe reavaliar os seus objectivos. Faça as seguintes perguntas para determinar se o seu objectivo ainda é válido ou se precisa de o pôr de lado e concentrar-se num objectivo diferente.

- O que obtenho pessoal, emocional, espiritual ou fisicamente por concretizar este objectivo?
- O que é que vai acontecer especificamente quando concretizar este objectivo?
- Este é o objectivo que ainda deveria estar a perseguir?
- No quadro global da minha vida, em que é que apoia os meus desejos?
- Estou a concretizar este objectivo para mim mesmo ou para provar alguma coisa a alguém (que conheci no liceu, na universidade ou numa relação anterior) e, se estou, esse alguém ainda é suficientemente importante para que invista esta energia a provar-lhe algo?
- Se estou a concretizar este objectivo para alguém, ele vai importar-se e saber quando eu tiver sucesso; e o meu desejo de lhe provar alguma coisa irá ser um factor impulsionador suficientemente forte para me manter focalizado no objectivo?

43

O PODER DE UMA HORA

- Quando concretizar este objectivo, ele irá servir como um ponto de partida para criar o futuro que desejo?
- Quais são as minhas convicções acerca deste objectivo? O que é que acho que a concretização deste objectivo me irá trazer?
- O que é que acontecerá se não concretizar este objectivo?
- O que é que estou relutante em fazer para concretizar este objectivo?
- O que é que irá acontecer se abandonar este objectivo para sempre, agora mesmo?
- E, uma vez mais, interrogue-se com toda a honestidade: "Este é um objectivo que ainda quero concretizar?"

Se o seu objectivo vale a pena e se continua a sentir que o deve perseguir, então ataque-o com um vigor implacável; se não é, esqueça-o e não olhe para trás. Não persiga objectivos que não mereçam o seu esforço; descubra objectivos melhores e siga em frente com a sua vida.

Deixe-me partilhar a minha experiência pessoal. Talvez já saiba, pelo meu livro anterior, que cresci num culto. A educação não era encorajada; na verdade, era fortemente incentivado que as crianças deixassem a escola permanentemente depois do sexto ou oitavo ano. Eu optei por continuar na escola, o que teve como resultado a minha excomunhão pelo grupo e ter que sair de casa aos 16 anos.

Na escola tinha dois ou três bons amigos, mas definitivamente não recebia atenção dos alunos populares. Tinha muito medo que alguém descobrisse como era a minha vida em casa ou que tinha crescido num culto, por isso mantive-me à parte tanto quanto possível, apesar de, na verdade, querer ser aceite pelos meus colegas. Depois da escola secundária, concentrei muita energia a fazer coisas que pensava que me iriam tornar mais aceitável aos olhos dos meus colegas da escola secundária. À medida que se aproximava a reunião dos dez anos após terminarmos os estudos secundários, preparei-me para mostrar aos meus colegas o quanto me tinha tornado bem sucedido. Quando lá cheguei, apercebi-me de que já não me impor-

44

CAPÍTULO 5. HORA PESSOAL 1 – PREPARAR O TERRENO

tava se era ou não aceite por aqueles por cuja atenção ansiava ter na escola secundária. A sua atenção pura e simplesmente já não era importante. Tive de reavaliar tudo o que considerava importante e compreender por que é que estava motivado a alcançar essas coisas. Assim que descobri que era o único a preocupar-me e que mais ninguém estava a olhar, pude focalizar-me em objectivos que tinham mais significado a um nível mais elevado.

Deixe-me dar-lhe um outro exemplo. Eu cresci num culto, numa família que era muito pobre. Quando nos mudámos de Oklahoma para Idaho, a minha mãe, o meu irmão do meio e o meu padrasto viveram três meses numa tenda num parque da cidade, enquanto poupávamos dinheiro suficiente para encontrar uma casa. Ao longo da minha adolescência e dos meus 20 e poucos anos, todos os meus mentores financeiros tiveram dificuldades monetárias. Li vários livros sobre pessoas que atingiram níveis muito precários nas suas vidas e sobre os eventos que conduziram à mudança. Por isso, desde os últimos anos da minha adolescência até aos 20 e muitos, tive muitas dificuldades financeiras. Não recebi tanto quanto merecia, nunca concretizei os meus objectivos financeiros e estava sempre a olhar para os pontos fracos, perguntando-me quanto mais baixos é que estes teriam de estar antes de poder concretizar a minha história "da pobreza à riqueza".

Um dia comecei a avaliar os objectivos que tinha estabelecido. Olhei para eles em comparação com as minhas convicções e os meus exemplos do passado. Assim que o fiz, as coisas começaram a mudar. Só por avaliar o que estava a fazer, criei toda uma nova oportunidade. Literalmente num ano, as coisas começaram a mudar. O meu negócio teve mais sucesso, ganhei mais dinheiro e também eu conquistei mais sucesso. A minha barreira final foi preocupar-me com o que aqueles que me eram mais chegados, que não tinham tanto sucesso financeiro, pensariam de mim. Quando me apercebi de que os seus objectivos não eram os meus objectivos e que eles eram os meus maiores fãs, alcancei o meu melhor nível de sempre e aí permaneci deste então.

45

O PODER DE UMA HORA

Passo 2 – Defina especificamente o que vai fazer para criar a mudança

Este pode bem ser o passo que, em última análise, determina o seu sucesso ou fracasso; é fundamental que siga cuidadosamente as instruções neste passo. Harvey Mackay, autor de *Como nadar com os tubarões sem ser comido vivo**, diz: "Os objectivos são sonhos com prazos de entrega." Isto é verdade, mas apenas em parte. Muitos têm demasiados sonhos fora de prazo, porque não criaram um plano para concretizar os seus objectivos. Dizer apenas que quer uma coisa e estabelecer um prazo e até tomar alguma acção não é suficiente. Tem de ter um Plano de Acção para a Concretização**.

Pegue numa folha de papel em branco e escreva as perguntas seguintes e respostas correspondentes. (Pode fazer o *download* e imprimir uma cópia deste formulário pronta a preencher, gratuitamente, em www.powerofanhour.com.)

PLANO DE ACÇÃO PARA A CONCRETIZAÇÃO

- O que é que pretendo concretizar especificamente e qual é o prazo que tenho para isso?
- O que é que significa para mim concretizar este objectivo?
- Quais são as três a cinco componentes principais da concretização?
- Quais são as medidas específicas que devem ser tomadas para concretizar cada uma das três a cinco componentes principais acima referidas e quais são os prazos associados a cada medida?
- Quanto tempo é que estou disposto a investir por semana na concretização deste objectivo; e a minha agenda geral continua certa tendo em conta esse investimento? (senão, deve ajustar o seu tempo por semana ou o seu agendamento.)

---

* N.T. Publicado em Portugal pela editora Difusão Cultural. O título original é *Swim with the Sharks without Being Eaten Alive*.

** N.T. No original, *Achievement Action Plan*™.

46

CAPÍTULO 5. HORA PESSOAL 1 – PREPARAR O TERRENO

- Quem mais e/ou o que mais deve estar envolvido para concretizar este objectivo?
- Qual é a medida que posso tomar imediatamente após completar este formulário, para dar início a uma acção que física, mental e realmente ponha o projecto a andar?
- Especificamente, como é que vou saber que fui bem sucedido nesta missão?

Passo 3 – Determine como irá saber se teve sucesso

A forma mais rápida de criar uma mudança que nunca é concretizada é não saber quando parar. Olhe para os objectivos que se propôs conquistar e veja quais são aqueles em que ainda está a trabalhar e quais já concretizou.

O que acontece é que nos propomos a criar mudança, os nossos esforços tornam-se um hábito e esquecemo-nos de parar de fazer o que estamos habituados. O problema é que nunca temos verdadeiramente a sensação de sucesso que resulta de um projecto concluído. O outro problema é que sabotamos frequentemente o nosso sucesso ao continuarmos a tentar encontrar outras coisas em que trabalhar, que fazem avançar os nossos esforços.

Há um ditado antigo que diz: O que é avaliado é feito. Eu acrescentaria a isso: O que é avaliado é feito, desde que saibamos especificamente o que é que estamos a avaliar.

Antes de se preparar para criar qualquer mudança significativa ou para concretizar qualquer objectivo significante, certifique-se de que percorreu todos estes três passos e que completou o Plano de Acção para a Concretização. Se der este passo simples antes de se lançar para a concretização de qualquer objectivo, irá concretizar todos os objectivos que decidir serem dignos do seu esforço.

47

CAPÍTULO 6

HORA PESSOAL 2 – IDENTIFICAR OS OBSTÁCULOS

Todos temos obstáculos que nos impendem de concretizar os objectivos que estabelecemos na nossa vida pessoal ou nos negócios. O problema é que muitas vezes não os vemos ou não os reconhecemos como aquilo que são. Já vi muitas empresas, executivos e indivíduos transformados por finalmente terem identificado quais os obstáculos que os estavam a impedir de chegar ao verdadeiro sucesso. Claro que apenas identificar os obstáculos não é suficiente. Tem de agir, mas a identificação é o primeiro passo.

Trabalhei recentemente com uma empresa cujos proprietários eram uma equipa de marido e mulher. O marido tinha deixado uma carreira razoavelmente lucrativa no mesmo ramo, para concretizar o sonho de ter um negócio próprio. Este cresceu e depressa a mulher deixou o seu trabalho e o casal começou a trabalhar neste projecto. Mas as coisas começaram a mudar. A mulher sentia-se ofendida com o controlo que o marido tinha do negócio; não queria que ele lhe desse ordens ou avaliasse a sua actividade diária. O marido sentiu que a mulher não estava a contribuir o suficiente. Mas nenhum deles reconheceu o que estava a acontecer, até fazerem o exercício apresentado mais à frente neste capítulo.

É fundamental que identifique os seus obstáculos e onde é que estes se encontram para que seja eficaz. O marido e a mulher estavam a ter problemas em casa, que derivavam do ressentimento no trabalho. Não há maneira de desligar a casa do trabalho, porque é a mesma pessoa independentemente do sítio onde esteja. Os obstáculos que resultam em infelicidade ou falta de sucesso numa área são transportados para outras relações ou actividades.

49

Identificar os obstáculos

Há quatro coisas que todos queremos na vida e que temos alguma relutância em admitir: dinheiro, fama, sexo e poder. Agora, seja paciente comigo antes de atirar com o livro para o chão e de dizer que não quer todas estas coisas. Ao estruturarmos de uma forma muito básica os desejos mais comuns que todos temos, estaremos mais capacitados para ver quais são os obstáculos. Desafio-o a estruturar de uma forma básica o que quer que seja que deseje concretizar e depois veja se não descobre muitas convicções sobre o seu desejo que não sabia que tinha.

Quando digo que a maior parte de nós quer dinheiro, pode ter sido programado a dizer que não. Pode-lhe ter sido ensinado que o dinheiro é a fonte de todo o mal, (não é o que diz a bíblia, a propósito) ou poderá dizer que não quer demasiado dinheiro (modéstia). Deixe-me dar-lhe um exemplo pessoal. Eu tive receio de admitir, durante muito tempo, que queria ser rico. Quando decompus os meus sentimentos até ao nível mais básico, descobri que estava preocupado que a minha mãe ou os meus irmãos pudessem sentir-se mal se tivesse mais dinheiro do que eles. Assim que compreendi o que é que me bloqueava o caminho, consegui reestruturar rápida e facilmente a minha preocupação e superar o obstáculo. No meu caso, a reestruturação foi meramente reconhecer que, quando fosse capaz de ganhar todo o dinheiro que queria, poderia ajudar a minha família de uma forma nunca antes possível e, com toda a certeza, de uma forma que nunca antes alguém fizera.

Ao reestruturar, identifiquei mais facilmente as minhas convicções sobre o dinheiro que me estavam a bloquear o caminho e a impedir-me de ter tudo o que queria. Essa compreensão e mudança aconteceram numa questão de minutos, quando finalmente comecei a focalizar-me no meu obstáculo.

Muitas vezes os obstáculos aparecem como uma resistência à mudança ou à concretização. Pretende concretizar algo mas,

CAPÍTULO 6. HORA PESSOAL 2 – IDENTIFICAR OS OBSTÁCULOS

sempre que se prepara para o fazer, encontra alguma resistência. A resistência é traiçoeira e pode assumir muitas formas.

Procrastinar

Procrastinar é uma forma comum de resistência. Sabe que alguma coisa tem de ser feita para avançar, mas é mais fácil procrastiná-la em vez de agir. Enquanto procrastina, o seu obstáculo tornar-se cada vez maior e a sua procrastinação reforça a sua determinação em não agir.

Ambivalência

A ambivalência é a coexistência de duas opiniões contraditórias, ou indecisão sobre qual a linha de acção a seguir. Sabe que tem de fazer dieta e exercício para ser mais saudável; no entanto, o seu avô nunca fez exercício e viveu até aos cem anos. Não sabe se o exercício tem importância e, por isso, não age.

Ter que ou dever fazer

A questão mais importante que pode colocar a si mesmo sobre "ter que" ou " dever fazer" é: "O que aconteceria se não o fizesse?" Nós usamos demasiadas vezes "ter que" e "dever fazer" para criar efectivamente obstáculos à verdadeira mudança. Estabelecemos uma convicção de que, se o "passo X" não acontecer primeiro, não poderemos avançar para o nível seguinte. Ou, pior, acreditamos que alguma coisa deve ser feita primeiro sem termos qualquer verdadeira prova de que estamos a tomar a decisão certa. Ao considerar simplesmente o resultado caso uma dada acção não seja concretizada, as consequências muitas vezes não são tão graves como pensamos ou surge outra solução, talvez melhor.

51

O PODER DE UMA HORA

Desculpas e justificações

As desculpas são outra forma de resistência que cria obstáculos que fazem com que se permaneça imutável. Todos temos um diálogo pessoal, cheio de desculpas e justificações, para não fazermos o que é preciso para avançar. É muito mais fácil olhar para o obstáculo enquanto inventamos desculpas e justificações para não agir. As desculpas e as justificações permitem que nos sintamos melhor por não agirmos, mas apenas tornam o obstáculo maior e mais difícil de mudar.

Desistir

A forma mais comum de resistência é, de longe, simplesmente desistir. Ao desistirmos de objectivos importantes na nossa vida, criamos um novo obstáculo que diz: "Estou a sentir resistência, por isso o melhor a fazer é desistir." Ao reforçar o fracasso através da desistência, está a construir obstáculos mais fortes. O impulso de desistir sem termos tentado é forte, porque recorremos a experiências anteriores para apoiar a desistência.

Exercício de identificação de obstáculos

Para mudar a sua vida, tem de olhar de perto para os obstáculos que bloqueiam o seu caminho. É fundamental avaliar todas as áreas da sua vida e dar prioridade aos obstáculos que têm de ser ultrapassados primeiro. No Capítulo 7 iremos falar sobre o que fazer para criar uma acção importante que lhe permita ultrapassar os obstáculos, mas nesta Hora de Poder queremos permanecer focalizados na identificação.

Vamos observar as áreas mais comuns da vida onde os obstáculos costumam aparecer. É importante avaliar meticulosamente a sua vida, porque cada obstáculo tem impacto noutras áreas da mesma. Quanto mais rápido remover os obstáculos, mais rapidamente alcançará resultados em todas as áreas da sua vida. Pergunte-se, quando olhar para a lista que se segue: "Em que áreas é que sinto resistência, apesar de saber que tenho de criar mudança para avançar?" Tome nota onde existe um obstáculo ou onde sente resistência. Seja o mais conciso possível.

Negócios

- Direcção controlada
- Vendas
- *Marketing* e publicidade
- Finanças
- Operações
- Colaboradores
- Crescimento
- Rentabilidade

Carreira

- A minha posição
- O meu supervisor
- Os meus colaboradores
- A minha compensação
- A minha carga de trabalho
- A minha empresa
- O meu nível de sucesso
- Os meus colegas
- As minhas conquistas
- O caminho da minha promoção

Rendimentos e situação financeira

- Os meus rendimentos
- Os rendimentos do meu cônjuge ou companheiro/a
- As minhas poupanças
- O meu crédito
- A minha situação financeira actual
- O meu património líquido
- A minha reforma
- Os meus investimentos

Relações de negócios

- Os meus fornecedores
- Os meus sócios
- Os meus clientes
- A minha indústria
- Os meus familiares envolvidos

Relações pessoais

- Os meus amigos
- Os meus conhecidos
- A minha família alargada
- A minha família mais próxima
- O meu médico
- O meu contabilista
- O meu corretor

Relações íntimas

- O meu cônjuge ou companheiro/a
- A minha vida sexual
- A minha forma de coabitação
- A minha relação
- A minha relação comigo próprio

Saúde

- O meu bem-estar físico
- O meu bem-estar mental
- O meu peso
- A minha dieta
- A minha rotina de exercício
- A minha manutenção pró-activa da saúde

Educação

- O meu nível de educação
- O nível do meu trabalho ou das minhas competências de carreira
- As minhas convicções sobre a educação

Auto-estima

- A minha auto-estima
- O meu valor
- O meu lugar no mundo que me rodeia

Espiritualidade

- A minha definição de espiritualidade
- As minhas convicções espirituais
- Os meus líderes espirituais
- A minha prática espiritual
- A minha ligação ao mundo que me rodeia

Apesar das categorias tenderem a ser bastante gerais, elas cobrem, pela minha experiência, todas as áreas da vida que, em última análise, apoiam ou boicotam as suas tentativas de criar mudança rapidamente. Volte à lista e adicione um pouco mais de pormenor a cada categoria fazendo as seguintes perguntas:

- Em quais destas áreas sinto resistência à mudança?
- Especificamente, o que é que tem de mudar na minha vida para que concretize os objectivos que estabeleci para mim em cada área?
- Como é que a minha resistência se manifesta, em adiamento, ambivalência, ter que ou dever fazer, desculpas e justificações, desistir ou todos eles?
- Se me focalizasse em mudar um destes obstáculos hoje, qual deles teria um maior impacto global na minha vida? De que forma?
- À medida que fui lendo este exercício, qual foi a desculpa ou resistência que usei primeiro para não o realizar imediatamente?
- Reconhecendo isso, que obstáculo poderia mudar agora mesmo e que teria um maior impacto global na minha vida?

Escrevi este livro combinando dois tópicos diferentes, o desenvolvimento pessoal e o de negócios, porque estão tão interligados. Manifestações de obstáculos numa área conduzem inevitavelmente a

CAPÍTULO 6. HORA PESSOAL 2 – IDENTIFICAR OS OBSTÁCULOS

algum conflito ou obstáculo na outra. Quase todas as empresas com que trabalho têm de abordar obstáculos pessoais, para conseguirem criar a mudança de negócios necessária para conquistar o sucesso. Recentemente, falei com um CEO que queria contratar a minha empresa. Começou a conversa dizendo-me que iria ditar o que nós faríamos para ele e como o faríamos. Perguntei-lhe por que é que ele achava que precisava de ajuda externa. Ele respondeu: "Precisamos de novas ideias e tácticas para crescer." Apenas numa conversa, identificámos um obstáculo que teria de ser abordado para que avançasse – a sua necessidade de ter o controlo a todo o custo. Depois de conversarmos mais um pouco, decidi que não seríamos adequados, porque ele se recusou a aceitar que poderiam existir ideias que não tinha considerado ou não compreendia. Poderia não ser um problema para ele, mas iria exigir que saísse da sua zona de conforto.

Antes de seguir para o próximo capítulo, que é sobre agir para criar mudança, estude o "plano de acção de uma hora" agora mesmo. Se despender algum tempo a avaliar honestamente os seus obstáculos, será capaz de utilizar o resto deste livro com muito mais eficácia, de forma a alcançar uma transformação de sucesso.

Plano de acção de uma hora

O que é que quero conquistar?

Identificar os obstáculos em todas as áreas da minha vida e dos meus negócios.

O que é que vou fazer especificamente para me reinventar ou a uma área da minha vida ou da minha carreira?

- Definir especificamente os obstáculos que identificou acima.

O PODER DE UMA HORA

- Avaliar a informação recolhida com as perguntas anteriores e estudar as respostas para compreender totalmente por que é que enfrenta obstáculos nesta área.
- Listar as áreas específicas da sua vida e do seu negócio que sofrem o impacto dos obstáculos identificados.
- Atribuir prazos para agir e remover os obstáculos.
- Apontar quem vai estar envolvido ou ser responsável por cada passo, caso outros devam estar envolvidos.
- Atribuir e agendar tempo para que este plano de acção e passos a ele associados sejam implementados.
- Como irá definir o sucesso para que saiba que o conquistou?
- Definir o que a remoção destes obstáculos lhe irá permitir fazer e que não está a fazer agora.

Leia o Capítulo 7 para aprender como realizar acções positivas que lhe irão permitir ultrapassar os seus obstáculos.

A sua capacidade para identificar e ultrapassar rapidamente os obstáculos no seu negócio ou na sua vida irá ditar a rapidez com que atinge o sucesso. Recomendo que faça este exercício pelo mesmo uma vez por trimestre, se não mesmo uma vez por mês, para maximizar o seu sucesso.

58

CAPÍTULO 7

HORA PESSOAL 3 – DESTRUIR OS OBSTÁCULOS

No Capítulo 6 fez um exercício que o ajudou a identificar os obstáculos nos seus negócios e na sua vida pessoal. Agora é altura de os remover, para permitir a mudança de sucesso.

Remover obstáculos não é tão difícil como a maioria pensa. A identificação clara do obstáculo é o primeiro, e mais importante, passo do processo. O que consegue definir claramente, consegue mudar facilmente. Se ainda não percorreu o processo do capítulo anterior, recomendo seriamente que volte atrás agora e faça o exercício.

O segundo passo do processo, e igualmente importante, é identificar claramente como gostaria que fosse o resultado. Resultados claramente definidos e um plano para o sucesso resultam em objectivos conquistados. Isto conduz-nos à terceira parte da remoção de obstáculos: desenvolver um mapa de orientação para o sucesso.

Ao longo dos próximos capítulos, irei ajudá-lo a criar um mapa de orientação para alguns dos maiores obstáculos nos seus negócios e na sua carreira. Neste capítulo irei decompor o processo de remoção de obstáculos, para que possa aplicar estes métodos em praticamente qualquer situação em que os tenha de enfrentar.

59

O plano de destruição de obstáculos em quatro passos

- Identifique e descreva claramente o obstáculo que está a enfrentar.
- Defina especificamente o resultado que pretende alcançar ao remover o obstáculo.
- Defina o seu plano e calendário para a remoção do obstáculo.
- Entre em acção.

Identifique e descreva claramente o obstáculo que está a enfrentar

Repetindo: se ainda não fez o exercício do capítulo anterior, volte atrás e faça-o agora. Quanto mais específico conseguir ser ao descrever o que o está bloquear, mais fácil será encontrar uma solução. Deixe-me dar-lhe um exemplo de como muitas conversas decorrem e por que é que só raramente há resolução:

"Tudo o que fazes me chateia!"
"Tudo o que tu fazes também me chateia!"
"Alguma coisa tem de mudar ou isto nunca irá funcionar!"
"Começa tu."

Parece engraçado, mas consegue ver a futilidade que é tentar ultrapassar o problema que existe entre as duas pessoas que estão a ter esta discussão? Para terem alguma possibilidade de avançar, uma delas tem de fazer perguntas melhores, para que se tenha uma descrição quantificável do que tem que acontecer.

"Tudo o que fazes me chateia!"
"Tudo?"
"Sim!"
"Podes dar-me um exemplo específico de uma coisa que eu faço e que te chateia?"

CAPÍTULO 7. HORA PESSOAL 3 – DESTRUIR OS OBSTÁCULOS

"Recusas respeitar-me."

"Só para perceber o que queres dizer, podes dar-me um exemplo de como eu te desrespeito?"

"Nunca cortas a relva nem tomas conta do quintal e isso é uma vergonha."

"Há mais alguma coisa que faço e que te leve a sentir que te desrespeito?"

"Nem por isso. Só quero que me ajudes a limpar o quintal. Disse-te um milhão de vezes."

"Então se te ajudar a limpar o quintal e cortar a relva com regularidade, vais sentir que te respeito?"

"Sim, penso que sim."

"Há mais alguma coisa que possa fazer para que não te zangues comigo?"

"Nada que me ocorra neste momento."

"Está bem. Vou tratar do relvado dentro de uma hora e limpar o quintal."

"Está bem. Obrigada."

Está a ver como, ao fazer-se perguntas mais específicas, se conseguiu reduzir o que estava a causar o problema ou o obstáculo na comunicação? As generalizações raramente estão correctas no que toca à identificação de obstáculos. Pode identificar o problema no início ou resolver uma série de problemas que não existem antes de encontrar um que realmente exista.

Eis algumas generalizações que todos usamos relativamente a criar mudança:

- Não tenho tempo.
- É demasiado caro.
- Não é responsabilidade minha.
- Pura e simplesmente não o quero fazer.
- Contorno a situação.
- Foi sempre assim; nunca mudará ou não pode mudar.

61

O PODER DE UMA HORA

- Não importa; de qualquer forma não vai fazer diferença alguma.
- Já tentei uma vez, mas não resulta.
- Vai provocar uma briga com o meu cônjuge, família ou companheiro/a.

Pode acrescentar aqui algumas das suas melhores generalizações (reparou no quanto as generalizações se parecem com desculpas?).

Quando identificar o obstáculo, escreva-o claramente. "Não tenho dinheiro suficiente" não é específico nem claro. "Com base nas minhas necessidades financeiras actuais, tenho um défice de dez mil dólares, que me impede de concretizar os meus objectivos financeiros", é muito mais específico. Quanto mais específico e quantificável tornar o obstáculo, mais fácil será arranjar uma solução que o irá destruir.

Defina especificamente o resultado que pretende alcançar ao remover o obstáculo

Definir claramente o obstáculo é por si só um bom começo, mas também tem de saber exactamente o que vai alcançar ao remover o obstáculo. Tem de ter uma razão digna e persuasiva para mudar, se quiser destruir o obstáculo que lhe está a bloquear o caminho.

A pessoa no exemplo acima descrito disse: "Com base nas minhas necessidades financeiras actuais, tenho um défice de dez mil dólares, que me impede de concretizar os meus objectivos financeiros." Para definir especificamente o resultado que pretende alcançar, faça esta pergunta: "O que é que a remoção do obstáculo me permitirá fazer e como é que me fará avançar?"

Permanecendo com o exemplo acima mencionado, dizer apenas "vai permitir-me alcançar os meus objectivos financeiros" não é suficientemente específico. Por outro lado, "ao aumentar o meu rendimento em dez mil dólares ao ano, vou poder contri-

CAPÍTULO 7. HORA PESSOAL 3 – DESTRUIR OS OBSTÁCULOS

buir mensalmente para o meu plano de reforma, cumprir todas as minhas obrigações financeiras, melhorar o meu limite de crédito ao efectuar os pagamentos a tempo e vai permitir-me aumentar as minhas poupanças até dez por cento do meu rendimento" é muito mais específico e, por isso, alcançável. Acrescente a isso: "Ao concretizar este objectivo, vou sentir-me mais seguro financeiramente e serei capaz de sustentar a minha família da forma que acho que é importante. Haverá dinheiro suficiente para que a minha mulher possa deixar o seu trabalho e ficar em casa a cuidar das crianças. Apoio esse objectivo, que é um dos objectivos mais importantes dela e um objectivo em que acredito seriamente." Agora tem uma declaração que é clara, concisa e persuasiva – algo a partir do qual poderá desenvolver um plano que irá perdurar, porque sabe o que precisa de fazer e o que irá alcançar ao fazê-lo.

Defina o seu plano e calendário para a remoção do obstáculo

Um plano de acção é crucial para o seu sucesso a longo prazo na remoção de obstáculos. No final de quase todos os capítulos deste livro há um plano de acção de uma hora, que o ajuda a estruturar a hora que irá investir a pôr em prática a sua transformação.

Os elementos-chave para um plano de acção eficaz são a especificidade e a decomposição da actividade nos passos mais pequenos, para que possa criar objectivos concretizáveis no seu caminho para o sucesso.

Mais uma vez, recorrendo ao exemplo anterior da necessidade de criar mais dez mil dólares no rendimento incremental, vamos desenvolver um plano que irá permitir avançar.

Plano de acção e calendário

- Quantificar quanto é que significa dez mil dólares pagos por hora, dia, semana e mês de trabalho. Dez mil dólares equivalem

O PODER DE UMA HORA

a 4,80 dólares pagos por hora de trabalho, 38,46 dólares por dia, 192,30 dólares por semana e 769,30 dólares por mês.

- Pedir ao meu chefe um aumento de três dólares por hora e estar preparado para chegar a acordo nos dois dólares, o que equivale a 4.160 dólares do aumento necessário. Calendário: pedir na segunda-feira e permitir um período de pagamento antes de ter o aumento.
- Liquidar um cartão de crédito e fechar a conta. O pagamento actual é de 150 dólares por mês; eliminá-lo irá totalizar 1.800 dólares em poupanças por ano. Presumindo o aumento e a liquidação, alcancei agora 5.960 dólares do aumento necessário. Calendário: liquidar o cartão de crédito no próximo mês.
- Tenho querido começar um negócio no eBay. Farei isto vendendo a minha colecção de cromos de basebol, que está avaliada em cinco mil dólares. De seguida, vou investir três mil no negócio e ficar com dois mil para o meu objectivo de dez mil dólares. Prevejo que consiga ganhar realisticamente três mil dólares por ano com a compra e venda de cromos, dado que actualmente o faço como passatempo e ganho cerca de 150 dólares por mês. Isso dá-me 8.960 dólares para os dez mil necessários. Calendário: daqui a dois meses estarei a vender os meus primeiros cromos no eBay. Entretanto, vou estudar três livros sobre como ser um *PowerSeller** no eBay.
- Finalmente, vou desistir do meu café da manhã, que me poupará quatro dólares por dia ou 1.040 dólares por ano, proporcionando-me um aumento líquido total de dez mil dólares no meu rendimento anual. Calendário: amanhã.

Ao definir o plano desta forma e ao estabelecer um calendário, o obstáculo é destruído facilmente, porque cada passo é

---

* N.T. Designação atribuída no próprio eBay aos melhores vendedores, a nível de número de vendas e de *feedback* positivo por parte de compradores.

exequível. Tem agora também um mapa de orientação para o sucesso. Se não concretizar o seu objectivo, pode voltar ao seu plano e ver onde é que saiu do caminho. É importante escrever mesmo estas coisas, para que não as esqueça.

Eu escrevo os meus planos em dois sítios, faço-os sempre electronicamente, guardo-os, depois imprimo-os e coloco-os no meu "Livro de Destruição de Obstáculos", o qual consulto com regularidade. A segunda coisa que faço é escrever os mais importantes num pequeno bloco de notas que tenho sempre comigo e que posso consultar onde quer que esteja. Rever os esforços mais importantes todos os dias é determinante para o seu sucesso.

Entre em acção

Tenha um passo para dar imediatamente. Pode ser tão simples como colocar o seu plano no "Livro de Destruição de Obstáculos" ou desistir do café no dia seguinte. Ao comprometer-se e ao tomar a primeira medida, começa a concretizar os seus objectivos. Porque a acção lhe sabe tão bem, fica mais motivado para continuar.

Se as suas acções dependem da resposta de outro para o sucesso (como pedir um aumento), tenha um plano alternativo caso ele não colabore. Não deixe que um contratempo seja um incentivo para o fracasso; substitua simplesmente uma ideia por outra e mantenha o impulso que o faz avançar.

Plano de acção de uma hora

O que é que quero conquistar especificamente?

Destruir estes obstáculos específicos (Coloque aqui a sua descrição de obstáculos claramente definida).

O PODER DE UMA HORA

O que é que vou fazer especificamente para destruir os meus obstáculos?

- Percorrer o plano de destruição de obstáculos em quatro passos.
- Escrever o plano de acção de destruição de obstáculos.
- Listar os passos específicos necessários para alcançar os resultados desejados.
- Atribuir prazos a cada passo.
- Apontar quem vai estar envolvido ou ser responsável por cada passo.
- Atribuir e agendar tempo para que este plano de acção e passos a ele associados sejam implementados.
- Como irá definir o sucesso para que perceba que o conquistou?
- Qual é a acção que pode realizar neste preciso momento para iniciar este plano de acção?

Lembre-se que a velocidade da mudança e da concretização está directamente relacionada com a sua capacidade de ser claro e conciso na sua descrição do que quer que mude e no que quer ver em seu lugar. Ao implementar o plano de destruição de obstáculos em quatro passos, irá ser capaz de identificar claramente uma forma de ultrapassar qualquer obstáculo numa hora ou menos.

Capítulo 8
Hora Pessoal 4 — Relações

Muitos especialistas dizem que se pode determinar o potencial de riqueza de alguém avaliando a riqueza dos seus cinco amigos mais chegados. Na verdade, esta é uma generalização que poderia ser aplicada a muitas situações. Aqueles aos quais escolhemos associar-nos de uma forma regular irão ter o impacto mais significativo nas nossas convicções e acções. Como seres humanos, tendemos a ser mais como aqueles com quem nos associamos do que como aqueles que gostaríamos de copiar, mas com os quais não temos contacto regular.

Não creio que se deva livrar de todas as suas relações de longa data. No entanto, acredito que, para se tornar mais quem quer ser, precisa de passar mais tempo com aqueles que já o são e aprender com eles.

Despender uma hora a avaliar estas relações e a determinar com quem irá lidar é importante. Muitas vezes, são as nossas relações que nos desperdiçam mais tempo e nos impedem de alcançar a mudança tão rapidamente como poderíamos fazer.

Quero que se interrogue, agora mesmo: Os seus amigos íntimos apoiam fortemente a vida que está a criar? Não quero dizer apoiar apenas com palavras; apoiar porque eles estão a seguir um sonho deles e conseguem identificar-se verdadeiramente consigo e dar-lhe apoio quando necessário.

Muitos ficam zangados com o que eu vou dizer a seguir, mas é a verdade, quer queira acreditar ou não. As relações têm de ser categorizadas pela sua utilidade. É possível manter muitas relações se compreender por que é que as mantém e o que elas fazem por si. As relações também têm de ser como uma rua de dois sentidos. Se for o único a dar na relação (a não ser que esteja a fazer caridade) e o outro apenas receber, essa provavelmente não é uma relação valiosa. De facto, é provavelmente uma relação que tem de desaparecer.

Ladrões de energia

Antes de passar à categorização das relações, quero falar-lhe sobre os ladrões de energia. Os ladrões de energia são aqueles que aparecem apenas para desperdiçar o seu tempo, que precisam sempre de partilhar os problemas deles consigo e que querem sempre que os apoie emocionalmente. É impossível dar apoio a alguém que rouba energia sem se preocupar com a sua energia fundamental.

Os ladrões de energia existem em todas as áreas da nossa vida. Sabe quem eles são, consegue senti-los a "arrastá-lo" assim que chegam ou telefonam. Eles podem ser vizinhos, colegas de trabalho, velhos amigos e também aparecem com muitos outros disfarces. É fundamental que identifique os ladrões de energia desde cedo e os exorcize da sua vida ou, no mínimo, controle o seu impacto, dando-lhes apenas acesso limitado.

Esteja consciente de quanto tempo está a gastar com ladrões de energia e procure formas de recuperar esse tempo. O mais importante a saber sobre eles é que anseiam por atenção e, se não a estiverem a receber de si, irão obtê-la noutro lado e acabam por deixá-lo em paz. Não vale a pena manter ligações contínuas com quem rouba o seu impulso e a sua energia.

Categorização de relações

É importante dividir as suas relações em categorias, para que as possa gerir adequadamente. A maioria nunca irá tomar esta

CAPÍTULO 8. HORA PESSOAL 4 – RELAÇÕES

medida crucial e irá tentar empregar o mesmo nível de atenção e gestão a todas as suas relações. É praticamente impossível dar a mesma atenção a todos os relacionamentos que tem. Vamos olhar para as categorias de relacionamentos mais importantes.

*   Família
*   Relações reciprocamente benéficas e de apoio mútuo
*   Amigos de longa data
*   Relações unilaterais

Vamos examinar as componentes de cada categoria e começar a colocar os nossos amigos no seu nicho apropriado.

Família

A componente familiar é bastante óbvia e também muito perigosa relativamente à sua capacidade para criar a vida que quer. Sou um grande crente na família e penso que os familiares deveriam poder depender uns dos outros para apoio. Contudo, a dada altura pode ser necessário um outro tipo de amor para que todos avancem.

Devido à importância da família e da ligação, os familiares devem ter acesso fácil a si. Mas também têm de compreender que tem prioridades e não pode simplesmente largar tudo sempre que eles precisam de si. A notícia fantástica sobre a maioria das famílias é que isto é entendido, apesar de já ter visto muitas excepções a esta regra.

As convicções de família são os obstáculos mais comuns ao sucesso. A sua mãe ou o seu pai se calhar acreditavam em algo como "tens de ter um emprego numa boa empresa para ter sucesso", mas o seu desejo é ter o seu próprio negócio. Glenn Dietzel, CEO da Awakened, LLC (www.awakentheauthorwithin. com), disse-me que, antes de criar o seu negócio, tinha medo por causa das convicções do pai, que incluíam a insegurança de

69

O PODER DE UMA HORA

se posicionar à frente de outros e arriscar. Assim que conseguiu colocar alguma distância entre as suas próprias convicções e as do pai, conquistou o sucesso. Glenn criou um negócio e, em apenas alguns meses, superou o rendimento, não apenas o seu como administrador escolar, mas também o da sua mulher.

Dê à sua família o apoio que ela necessita, mas dê a si mesmo alguma distância e crie outras relações que apoiem as suas convicções e desejos pessoais. Não deixe que o poder das relações familiares bloqueie o seu caminho; tornam-se demasiado importantes se não forem contrabalançadas com outras relações igualmente cativantes.

Relações reciprocamente benéficas e de apoio mútuo

Estas relações podem incluir alguns dos seus amigos de longa data, mas também outros que não o são. Tem de aceitar completamente a ideia de que pode ter um círculo de amigos de apoio mutuamente benéfico, que talvez nunca irá interagir com os seus amigos mais chegados ou de longa data.

A razão por que precisa de ter algumas relações desta categoria é que elas irão fazer avançar a sua vida de uma forma que não está ao alcance das outras relações. Frequentemente, estes novos e os seus velhos amigos não se irão misturar, porque não têm as mesmas ideias, objectivos ou compromissos. Não irão ter, muitas vezes, as mesmas experiências de vida. Pode ser "uma ponte" entre os dois grupos e, como ponte que é, passa muitas vezes demasiado tempo a tentar ligar os outros. Reconheça apenas que o novo grupo é distinto e importante e pode ser nitidamente diferente dos seus amigos de longa data.

Relações reciprocamente benéficas e de apoio mútuo têm de ser categorizadas desta forma por uma outra razão importante. À medida que avançar na sua evolução, elas poderão deixar de ter a mesma finalidade que têm hoje.

70

CAPÍTULO 8. HORA PESSOAL 4 – RELAÇÕES

Quando estava na polícia, tinha várias relações fortemente benéficas e de apoio. Quando decidi fazer a transição para fora da polícia, a maioria dessas pessoas deixaram de ser reciprocamente benéficas e de apoio mútuo. Eu não as podia apoiar como o fizera no passado e o benefício que lhes trazia tornou-se reduzido. Na minha perspectiva, a maioria também não podia apoiar ou beneficiar o meu novo rumo, por isso estas relações terminaram naturalmente. Claro que havia algumas amizades de longa data dentro deste grupo, com quem partilhava objectivos semelhantes e que se encontram ainda hoje entre os meus amigos mais chegados. Se não as tivesse categorizado cuidadosamente (e, no início, não o fiz), estaria ainda preso a um velho estilo de vida e a muitas convicções que já não considero importantes.

Desde essa altura, desenvolvi mais relações reciprocamente benéficas e de apoio mútuo que apoiam as minhas convicções actuais e me permitem avançar. Há sempre altos e baixos nessas relações e muitas delas terminam. Inevitavelmente, irão surgir amigos de longa data que se desenvolvem a partir deste grupo e isso é muito bom.

Ao categorizar algumas relações, tem uma grande flexibilidade na determinação de como irão decorrer e sobre a sua finalidade. Também torna mais fácil acabar uma relação, porque tinha uma ideia clara sobre a sua intenção para a ligação.

Amigos de longa data

Os amigos de longa data são aqueles aos quais tem estado ligado a um nível relativamente íntimo por um longo período de tempo ou com os quais pretende permanecer ligado por muito tempo. São os que aparecem nos churrascos, nos casamentos e nos funerais. São aqueles a quem pode telefonar para o ajudarem a mudar os baloiços dos miúdos ou para o ouvirem quando mais precisa. São aqueles de quem gosta mesmo e que gostam mesmo de si. São também aqueles que, mesmo que não os veja há anos, continuam a ser amigos chegados quando os vir a próxima vez.

Os amigos de longa data precisam da sua própria categoria, porque a forma como interage com eles é diferente; podem ser mais chegados do que a família em termos de acesso e ligação. São aqueles que irão torcer mais por si, mas não necessariamente aqueles que acreditam mais em si, porque têm dificuldades em imaginar o que está a fazer por eles. Querem tudo o que há de melhor para si, mas irão preocupar-se nas suas costas ou tentar chamá-lo à razão quando não compreendem as suas decisões. No início, as suas novas competências e o apoio para a transformação não hão-de vir deste grupo; virão das suas relações reciprocamente benéficas e de apoio mútuo. No final, quando tiver sucesso, os seus amigos de longa data irão continuar a ser aqueles que torcem mais por si e questionar-se como é que conseguiu – e irão continuar a ser seus amigos.

Os amigos de longa data são importantes, porque acrescentam à vida o entusiasmo que faz com que valha a pena viver. Certifique-se apenas de que não está a passar tanto tempo com eles que seja puxado de volta a uma área de complacência ou convicções antigas que já não funcionam.

Relações unilaterais

As relações unilaterais são aquelas que recebem mais do que aquilo que dão. Estas podem ser devastadoras, em termos do desperdício do seu tempo e do desafio ao seu progresso. A razão por que as relações unilaterais têm geralmente um impacto negativo é o nosso desejo inato de ajudar os outros. Sentimo-nos culpados se não ajudarmos.

Deixe-me falar-lhe de uma forma muito franca. Não há razão para que sinta que tem de ajudar alguém que não lhe está a dar nada em troca, a não ser que queira simplesmente fazer

CAPÍTULO 8. HORA PESSOAL 4 – RELAÇÕES

caridade. E a caridade tem limites, por isso tem de escolher quem vai ajudar.

A sugestão mais forte que tenho para si consiste em eliminar imediatamente as relações unilaterais. A não ser que consiga obter algo em troca, deixe a relação morrer. As relações unilaterais irão ter uma morte natural, porque têm de ser alimentadas. Assim que deixar de as alimentar, ir-se-ão embora rapidamente. Ficará espantado com todo o tempo que terá a mais numa semana, já para não falar na energia, se eliminar este tipo de relações.

Como categorizar as suas relações no que respeita ao tempo

Para que possa gerir eficazmente as suas relações, tem de dedicar- -lhes tempo.

Relações familiares

Tem que dedicar tanto tempo quanto o necessário às relações familiares importantes, mas com uma advertência. A não ser que seja uma emergência ou uma ocasião especial, essas alturas têm de ser fora das horas produtivas normais. Isso significa depois do trabalho, à hora de almoço, por exemplo. Enviar correio electrónico, telefonar ou interagir de outra forma com a família durante o dia destrói a sua produtividade e a velocidade do seu sucesso.

Relações reciprocamente benéficas e de apoio mútuo

Porque o poder destas relações o ajuda a alcançar os seus objectivos de transformação e sucesso, deve investir pelo menos uma

O PODER DE UMA HORA

hora por semana a aprofundá-las. Essa hora pode ser investida numa pessoa ou num grupo.

Porque estas relações são reciprocamente benéficas, é muitas vezes uma boa ideia estabelecer múltiplas ligações ao longo da semana, através do correio electrónico, telefone ou pessoalmente. Não estou a sugerir que se deva tornar num chato ou telefonar sem razão. Certifique-se de que tem um motivo para o seu contacto, cumpra-o e siga em frente. Assegure-se de que está a acrescentar valor à relação, para que permaneça reciprocamente benéfica.

Amigos de longa data

Não existe uma lei obrigatória sobre a frequência com que se vê amigos de longa data, mas o ideal seria regularmente ou, no mínimo, uma vez de dois em dois meses. Empregue a mesma regra nos relacionamentos familiares como princípio básico. As relações de longa data têm altos e baixos baseados em eventos que acontecem à volta de cada pessoa. Mantenha-se envolvido, procure formas significativas de se ligar e, de seguida, volte a concentrar o seu esforço em actividades produtivas e rentáveis. Utilize a sua interacção com os seus amigos como umas férias para a sua mente antes de regressar à sua Focalização Intensiva.

Relações unilaterais

Gaste nestas o menos tempo possível. Fui claro?

Ao longo da próxima hora, defina claramente as suas relações, categorize-as e comece a segmentá-las. A finalidade da segmentação é que possa começar a despender a quantidade de tempo e esforço apropriada para cada relação e depois continuar. Ser metódico e consistente nas relações irá parecer um pouco forçado ao início, mas irá descobrir, à medida que o tempo pas-

CAPÍTULO 8. HORA PESSOAL 4 – RELAÇÕES

sar, que está a ser muito mais eficiente e eficaz em todos os seus relacionamentos. No final, o processo garante que as necessidades de todos são satisfeitas, especialmente as suas.

Plano de acção de uma hora

O que é que quero conquistar especificamente?

Categorizar as minhas relações.

O que é que vou fazer especificamente para segmentar e melhorar as minhas ligações actuais?

- Dividir as relações nas quatro categorias definidas: relações familiares, relações reciprocamente benéficas e de apoio mútuo, amigos de longa data, relações unilaterais.
- Avaliar a informação recolhida com as perguntas anteriores e estudar as respostas, para compreender totalmente por que é que está a empreender esta acção e o que tem de fazer para ter sucesso.
- Identificar os passos específicos necessários para alcançar os resultados desejados.
- Atribuir prazos a cada passo.
- Apontar quem vai estar envolvido ou ser responsável por cada passo, se outros estiverem envolvidos.
- Atribuir e agendar tempo para que este plano de acção e que passos a ele associados sejam implementados.
- Como irá definir o sucesso, para que saiba que o conquistou?
- Qual é a acção que pode tomar neste preciso momento para iniciar este plano de acção?

CAPÍTULO 9

HORA PESSOAL 5 – FINANÇAS

Se olhar para as estatísticas, preocupamo-nos mais com as finanças do que com qualquer outra coisa na nossa vida. Segundo a minha experiência, a maioria preocupa-se muito com as suas finanças, porque não elabora um plano financeiro.

Sou o primeiro a admitir que não sou grande fã de finanças. Na verdade, se *não tivesse* um plano, as minhas contas nunca seriam pagas e não teria qualquer tipo de futuro financeiro. Por isso, para ter sucesso, tive de encontrar um plano que fosse fácil de utilizar e praticamente "à prova de bala". O outro desafio que enfrento é que viajo cerca de 200 dias por ano, o que faz com que manter-me a par das minhas finanças seja muito difícil. Como a minha mulher tem um negócio em duas localizações e temos uma filha, ela também não tem tempo para fazer tudo. Um sistema e um plano tornam a nossa vida financeira fácil e livre de preocupações.

Antes de estabelecer qualquer plano

Antes de estabelecer qualquer plano, uma das coisas mais importantes a fazer é passar algum tempo com o seu contabilista e com um gestor financeiro. Deixe-me dizer-lhe com toda a franqueza: se não é contabilista e tem mais de 21 anos, precisa de um contabilista. Quanto mais depressa desenvolver um plano de benefícios fiscais, melhor será a sua situação. Tem de pagar à Direcção-Geral dos Impostos o que deve pagar e nem mais um cêntimo. Eis alguns dos temas que vai querer ter a certeza que discute com o seu contabilista e gestor financeiro.

Contabilista

Qual a experiência do contabilista no que diz respeito à redução de impostos de contribuintes na mesma situação que a sua? Há uma diferença significativa entre ser capaz de preencher os seus impostos com precisão e ajudá-lo a poupar nos impostos. Nem todos os contabilistas são bons a poupar nos impostos. Tem de encontrar um que esteja disposto a trabalhar consigo para encontrar formas criativas (e legais) de reduzir a sua carga fiscal.

Também quererá encontrar um contabilista que tenha um estilo semelhante à sua tolerância ao risco. Se é altamente adverso ao risco, é provável que queira um contabilista conservador. Por outro lado, se a sua disposição para aceitar riscos é elevada, então um contabilista que utilizará as áreas "cinzentas" faz mais sentido. Em última análise, as referências são quase sempre a melhor forma de encontrar bons contabilistas. Fale com quem conhece e em quem confia para as melhores recomendações na sua área.

Além de um contabilista, também deve considerar seriamente falar com um gestor financeiro que o possa ajudar a colocar em ordem a sua vida financeira no longo prazo. Se tem o seu negócio, há muitas coisas que têm de ser planeadas. Quer seja um empresário ou um colaborador, tem de ter planos de reforma. Investir para o futuro é absolutamente necessário e investir regularmente é obrigatório. No final deste capítulo, irei partilhar uma teoria de investimento de James Berman, o CEO de uma empresa de consultoria de investimento para indivíduos com um património líquido elevado.

Estabelecer o seu plano

Trabalhei com centenas de indivíduos e empreendedores ao longo dos últimos dez anos e os que tinham mais sucesso eram aqueles que eram sistemáticos em relação à sua situação financeira. Eram pró-activos a decidir o que deveria acontecer ao seu

CAPÍTULO **9**. HORA PESSOAL 5 – FINANÇAS

dinheiro. Eram disciplinados com a forma como ele era gasto, poupado ou investido.

Quase todos aqueles que têm sucesso a gerir as suas finanças fazem uma monitorização semanal. Aqueles que não são disciplinados e que não têm um plano para gerir o seu dinheiro também podem monitorizar as suas finanças semanalmente, mas por uma razão completamente diferente. Aqueles que não são pró-activos e disciplinados monitorizam as suas finanças para se certificarem de que têm o suficiente para continuar!

O primeiro passo para estabelecer um plano financeiro consiste em saber exactamente para onde vai o seu dinheiro. Quando falo com quem tem problemas financeiros, esta é a primeira pergunta que faço: "Para onde está a ir o dinheiro?" Quase todos acreditam que sabem a resposta. Muitos sentem que conseguem manter-se a par de todos os cheques e de todas as contas na cabeça, mas costumam estar enganados. Suze Orman, autora de *The 9 Steps to Financial Freedom**, diz que a maior parte subestima o que realmente precisa para viver por mês em cerca de 1.400 dólares.

Se já elaborou um plano financeiro, já está numa posição de vantagem. Se não o fez, então tem de investir o tempo agora mesmo. Encontre o seu extracto bancário mais recente e estude-o. Categorize cada dólar que gastou. Para que seja mais fácil, divida-o nestas categorias:

1. *Despesas domésticas* – Estas incluem renda ou empréstimo à habitação, electricidade, gás, saneamento, água, impostos e quaisquer outros serviços essenciais para a manutenção da sua casa.
2. *Despesas médicas* – Identifique todas as despesas necessárias para si e para a sua família.
3. *Despesas de transporte* – Identifique quaisquer despesas necessárias para o transporte regular.

---

* N.T. Publicado pela Crown Publishers, 1997.

O PODER DE UMA HORA

4. *Poupanças e investimentos* – Enumere as suas contribuições actuais para poupanças e investimentos.
5. *Despesas controláveis* – Estas incluem todas as suas outras despesas mensais, incluindo a parte das contas dos cartões de crédito que não cobrem nenhuma das despesas acima descritas, mercearias, restaurantes, entretenimento, mobília, manutenção do relvado, vestuário; todas as suas outras despesas do último mês inserem-se nesta categoria.

Para alguns, esta lista irá parecer-lhes demasiado simplista, mas não é. As primeiras três áreas são razoavelmente fixas nos seus requisitos e a número quatro também o deveria ser (para a maioria não é). Mas a número cinco é a área onde pode ter controlo sobre as suas finanças e onde a sua hora transformadora será melhor empregue.

Quando o tiver feito, irá utilizar os resultados como ponto de comparação nos próximos meses.

Concentre-se no desenvolvimento de um plano que lhe permita cobrir todas as situações financeiras essenciais. Estou intencionalmente a colocar isto de uma forma simples, porque a maioria só desempenha um papel pró-activo no planeamento do futuro financeiro quando já o devia ter feito há muito. Se investir uma hora no seu plano financeiro, terá um grande futuro pela frente.

Torne-o automático

Introduza o máximo possível das suas contas e investimentos em pagamento automático. O dinheiro que nunca vê é dinheiro que não é gasto de uma forma frívola. Envie automaticamente dinheiro para as suas contas de investimento e poupança. Ao ter as contas automaticamente pagas, quer através do seu banco ou do seu fornecedor, não só irá poupar tempo, mas também multas e, possivelmente, o seu índice de crédito, por nunca estar atrasado ou faltar com um pagamento.

80

CAPÍTULO 9. HORA PESSOAL 5 – FINANÇAS

Decida gerir os profissionais em vez do dinheiro

Se não é propriamente fã da gestão de dinheiro, então trabalhe de perto com um contabilista e com um gestor financeiro e deixe--os fazer a maior parte do trabalho. Gaste o seu tempo a geri-los e a analisar os seus resultados.

Torne-o digital

Utilize um programa de *software* como o Quicken ou o Microsoft Money para gerir as suas finanças. Ao utilizar um programa de *software*, pode verificar fácil e rapidamente qual é a sua situação financeira em qualquer altura. Também lhe permite calcular onde está relativamente aos seus objectivos e onde se encontram as suas potenciais poupanças ou oportunidades.

Seja comedido quando puder, mas não passe por cima de dólares para apanhar cêntimos

Compre a preços baixos, utilize os serviços *on-line* de *price shopper** e negocie. Mas esteja consciente de quanto tempo está investir e de qual é a possível compensação. Se ganha 50 dólares à hora e são precisas duas horas, que não são compensadas, para poupar 25 dólares, então não o faça. Se quer gastar mais do seu tempo livre à procura de preços baixos porque gosta de o fazer, é um bónus. Mas, de outra forma, este tempo deve ser gasto a obter ganhos ou multiplicando o seu rendimento acima do seu valor actual.

---

* N.T. Uma expressão que designa aquele que vai atrás do melhor preço.

Reveja-o com regularidade

O tempo despendido a rever as suas finanças é bem gasto. Considere o tempo que está a investir como dinheiro que terá ao final do ano, porque estudou cuidadosamente, tomou boas decisões e avaliou o seu sucesso.

Ao pesquisar para este livro, falei com James Berman, docente do Departamento de Finanças e Impostos da Faculdade de Estudos Contínuos e Profissionais da Universidade de Nova Iorque, onde ele lecciona Financiamento de Empresas e Investimento. O professor Berman acredita que cada um deve determinar se é um jogador ou um investidor, e aprender a investir se o pretender fazer sozinho.

Conceitos básicos de investimento que deve saber, segundo James Berman

James Berman diz que, ao investir, deve dominar a sua própria forma de pensar:

> A maioria de nós tem um instinto de jogador no que diz respeito aos investimentos. Os investidores de maior sucesso conseguiram livrar-se desse instinto. Numa hora, eles devem concentrar-se em como deixar de encarar as acções como fichas de jogo e começar a encará-las como empresas verdadeiras.

> A maioria dos investidores não está concentrada em encarar as suas acções como empresas verdadeiras. Tratamo-las como fichas de jogo e adoramos fazê-lo, porque é divertido e fácil. Na gestão das suas finanças pessoais, essa abordagem é o equivalente a desastre. Quando se pergunta a alguém se aposta as suas poupanças e investimentos, a resposta é sempre que não, mas, se se olhar mais de perto, descobre-se que,

CAPÍTULO **9.** HORA PESSOAL 5 – FINANÇAS

na verdade, muitos o fazem. A única forma de mudar é criar uma mudança no seu enfoque cognitivo.

Coloque a si mesmo esta pergunta para descobrir se está a apostar

Gasto mais tempo a ver a cotação na bolsa de um investimento que tenha, do que a ler os relatórios de análise e relatórios anuais? Se a sua resposta for "sim", está a apostar. Estar sentado e olhar para um ecrã é sedutor, mas a boa prática de investimento é muito mais difícil; tem de se concentrar nos princípios da empresa. Qualquer um pode aprender as competências necessárias para ler os relatórios e tomar boas decisões. Um pré--requisito para a leitura de relatórios consiste em focalizar a sua atenção no sítio certo.

Apresento-lhe uma analogia que pode usar para reflectir sobre esta questão. Os tenistas não deveriam olhar para a pontuação. Pensar sobre a pontuação é apenas uma distracção da competência essencial de qualquer tenista, que é olhar para a bola. Os investidores campeões olham para a bola. Está a olhar para a bola ou para a pontuação?

Se estiver a agir como um jogador, tem de tomar uma acção para ir noutra direcção. Segundo Berman:

1. Até mudar o seu enfoque, deve transferir todo o seu dinheiro de acções individuais para fundos de poupança ou investimento.
2. Pegue numa pequena porção do seu capital de investimento, um por cento ou menos, e invista-o em acções sobre as quais tenha pesquisado minuciosamente. Uma boa sugestão consiste em adquirir acções de uma empresa que lhe seja familiar. Investigue os dados económicos fundamentais antes de fazer o investimento. Olhe para os relatórios anuais e outra informação.

83

O PODER DE UMA HORA

3. Quando tiver as acções, desligue o teleimpressor de cotações, o ecrã de mercado e a televisão, e gaste uma hora por semana a avaliar os dados económicos fundamentais. Leia todos os documentos apresentados e relatórios de análise, oiça todas as teleconferências sobre receitas e leia tudo o que for escrito nos meios de comunicação generalistas e na indústria à procura de tendências favoráveis a essa empresa. Veja se a empresa tem uma verdadeira vantagem competitiva. A empresa participa num mercado crescente e em expansão, com probabilidade de continuar a crescer todos os anos?

Desligar o ecrã de mercado e a televisão vai começar a afastá-lo da mentalidade de jogador.

Se tiver de olhar, treine-se para não reagir ao ecrã; reaja antes à informação que recebeu. Como investidor, e não como jogador, irá manter os seus olhos na empresa, observe as mudanças nas tendências que lhe dirão se deve comprar, vender ou manter as acções. Pode interrogar-se se a estratégia da empresa faz sentido.

O investidor médio consegue obter tanta informação quanto o profissional sobre a estratégia e, de seguida, tem de tomar uma decisão informada sobre se a estratégia vai funcionar ou não. Pergunte a si mesmo, se este for um negócio no qual queira estar, se está a ter sucesso ou se está a fracassar.

Como determinar se está apto a investir o seu próprio dinheiro

- Decida se é ou não um jogador. Se não consegue deixar de ser um jogador, deve pegar em todo o seu dinheiro e colocá-lo nas mãos de um profissional de investimento.
- Interrogue-se, honestamente, se tem conhecimento para investir. Todos os investidores precisam de adquirir conhecimentos básicos. Leia os clássicos de Benjamin Graham

84

CAPÍTULO **9.** HORA PESSOAL 5 – FINANÇAS

ou qualquer um dos livros sobre Warren Buffett e tente aprender o que é que faz uma boa empresa.

Se decidir investir por si próprio

Aprenda estes conceitos básicos sobre a avaliação de empresas:

Invista apenas em empresas que sejam fortes financeiramente. Se não souber como reconhecer um balanço e um *cash flow* forte, compre e leia *The Interpretation of Financial Statements*, de Benjamin Graham. Quando tiver aprendido os princípios básicos de balanços financeiros, pode procurar empresas fortes e investir apenas nelas.

Procure empresas que tenham uma vantagem competitiva, algo que lhes permita competir eficazmente com os seus pares. Bons livros para ler são todos sobre o Warren Buffett, ou os livros: *Five Rules for Successful Stock Investing* e *The Intelligent Investor*, de Benjamin Graham.

Irá ter uma série de boas ideias para investir só por olhar à sua volta. Comece por olhar para o seu armário de cozinha; está cheio de produtos essenciais de que precisaremos sempre, produzidos por empresas cotadas em bolsa.

Muitas vezes será melhor que faça os seus próprios investimentos, se tiver competências básicas, porque muitos profissionais de investimento são verdadeiros jogadores.

Mantenha-se longe de estratégias exóticas; geralmente são apenas produtos que Wall Street está a tentar vender.

O que é que pode esperar realisticamente se seguir este processo?

Pode esperar uma verdadeira mudança na forma como pensa sobre investimentos.

85

Saberá que teve sucesso quando perceber que a sua mente se desloca na direcção de perguntas fundamentais como "A Danisi vai resultar para a Coke e poderá competir com a Aquafina da Pepsi?", em vez de olhar para o que está a acontecer à cotação de uma acção no curto prazo.

O investimento de sucesso não tem a ver com perder dinheiro. Mark Twain disse: "The thing I am concerned with is the return *of* my money, not the return *on* my money."[*]

Todos deviam pensar se vão ou não receber o seu dinheiro de volta, em vez de pensarem se a sua rentabilidade lhes trará mais sucesso.

Gerir as suas finanças será bom para si durante muitos anos, em particular naqueles em que já não estará a trabalhar. A hora que investir hoje irá recompensar mais tarde, quando puder viver sem preocupações e sem trabalho.

---

[*] N.T. O autor joga aqui com o duplo sentido da palavra *return*, querendo assinalar que o preocupa mais o regresso do seu dinheiro do que a sua rentabilidade.

CAPÍTULO 9. HORA PESSOAL 5 – FINANÇAS

Plano de acção de uma hora

O que é que quero conquistar especificamente?

Desenvolver um plano de gestão de finanças.

O que é que vou fazer especificamente para ter controlo sobre as minhas finanças?

- Identificar quais são as suas verdadeiras despesas mensais.
- Identificar todas as despesas que pode controlar e agir relativamente àquelas que têm de ser limitadas.
- Estabelecer pagamentos e investimentos automáticos.
- Avaliar a informação recolhida com as perguntas anteriores e estudar as respostas, para compreender totalmente por que é que está a empreender esta acção e o que tem de fazer para ser bem sucedido.
- Listar os passos específicos necessários para alcançar os resultados desejados.
- Atribuir prazos a cada passo.
- Apontar quem vai estar envolvido ou ser responsável por cada passo, se outros estiverem envolvidos.
- Atribuir e agendar tempo para que este plano de acção e passos a ele associados sejam implementados.
- Como irá definir o sucesso, para que saiba que o conquistou?
- Qual é a acção que pode tomar neste preciso momento para iniciar este plano de acção?

CAPÍTULO 10
HORA PESSOAL 6 – AUTO-APERFEIÇOAMENTO

O auto-aperfeiçoamento tende a ser um daqueles temas muito importantes que costumamos adiar, porque é difícil de concretizar. O problema de não se aperfeiçoar constantemente é que, se não avança, alguém o irá ultrapassar.

Não estou a sugerir que o auto-aperfeiçoamento seja apenas sobre a concorrência – essa é, na verdade, a sua menor parte. O auto-aperfeiçoamento tem a ver com continuar constantemente a sua evolução, para que nunca pare de aprender e nunca deixe de estabelecer novos objectivos.

O auto-aperfeiçoamento pode assumir qualquer forma; pode ser tão simples quanto aprender uma nova competência profissional que lhe irá permitir desempenhar a um nível mais elevado, ou algo tão complexo como voltar à escola para se tornar médico, se é esse o seu sonho.

Quatro motivos por que o auto-aperfeiçoamento costuma falhar

A primeira razão por que os esforços de auto-aperfeiçoamento costumam falhar divide-se em duas partes. Em primeiro lugar, é mais fácil esquecer as nossas necessidades do que encará-las. Em segundo lugar, é que quase todos avançam pelo dia com o esforço máximo e um horário cheio; conseguir tempo para mais uma coisa é muito difícil.

A segunda razão pela qual a maior parte dos esforços falha é que, muitas vezes, ficamos relutantes em investir no nosso aperfeiçoa-

O PODER DE UMA HORA

mento em vez de na satisfação imediata. A maioria de nós prefere comprar um barco novo, um carro novo, um churrasco novo ou qualquer outro aparelho, do que gastar esse dinheiro a aperfeiçoarmo--nos. A dada altura, começámos a acreditar que a empresa para a qual trabalhamos deve pagar a nossa formação e educação. Infelizmente, essa é uma convicção errada. As empresas pelas quais não demonstra qualquer lealdade não têm uma razão convincente para investir fortemente em si, porque depois vai para outra empresa usar a formação recentemente adquirida e ajudá-la a ter lucro.

A terceira razão pela qual os esforços de auto-aperfeiçoamento falham é que nós cedemos à pressão de grupo. Os nossos colegas riem-se porque reservamos as próximas 104 quintas-feiras para fazer finalmente um MBA. Pior ainda, eles ficam horrorizados por investirmos três mil dólares num seminário de três dias, que nos dará acesso a especialistas mundiais e à oportunidade de sermos formados por eles. Uma pergunta difícil que tem de fazer a si próprio é: Se a pressão de grupo e o cepticismo e a crítica de outros o impedem de aperfeiçoar as suas competências pessoais e profissionais, que mais o impedem de fazer?

A quarta razão por que hesitamos em nos aperfeiçoar é a nossa experiência anterior com a transformação de informação em acção. A experiência diz-nos que investimos em nós no passado e que depois não fizemos nada com o que aprendemos, de forma a receber algum retorno do investimento. Transformar informação em acção requer apenas uma coisa: implementação.

A implementação de informação nova é difícil, porque requer que façamos algo novo ou diferente. Muitas vezes, o que temos de fazer é-nos estranho ou será criticado por aqueles que nos rodeiam. Se o seu receio de ser criticado o está a impedir de implementar ideias que poderão mudar a sua vida, que mais é que esse receio o está a impedir de fazer? Quase todos os que alcançam algo de significativo se arriscam a serem criticados por outros, duas vezes. A primeira vez é no princípio, quando troçam do seu esforço; a outra vez é quando vêem o seu sucesso e o criticam comparativamente à

90

CAPÍTULO 10. HORA PESSOAL 6 – AUTO-APERFEIÇOAMENTO

sua própria falta de acção. Não se preocupe com críticas – preocupe-se com a implementação das novas competências e informação que conseguiu.

Determinar as áreas da sua vida nas quais se concentrar primeiro

Se observar o índice deste livro, encontrará um ponto de partida para áreas da sua vida que necessitam de auto-aperfeiçoamento. Mas, a probabilidade de saber o que tem de fazer neste preciso momento é muito alta; sabe quais são as áreas da sua vida que precisam de ser aperfeiçoadas. Mas vamos aprofundar a questão. Faça a si mesmo as seguintes perguntas e escreva as suas respostas.

- Qual é a área da minha vida que não estou a aperfeiçoar actualmente e que teria maior impacto na minha vida se fosse aperfeiçoada?
- Qual é a competência mais importante que poderia aprender agora mesmo e por que é que é importante?
- Quando observo o conjunto de competências dos meus mentores e dos meus colegas, quais são as que poderia desenvolver e que teriam um maior impacto na minha vida?
- Qual seria, especificamente, esse impacto na minha vida e o que é que isso faria por mim?
- O que é que eu sempre quis estudar ou aprender, mas releguei constantemente para segundo plano?
- Qual é a competência mais importante que poderia adquirir ou aperfeiçoar agora mesmo e que iria expandir o meu rendimento, carreira, negócio, relações?

Independentemente do que precisa ou quer aperfeiçoar, é da maior importância que desenvolva uma atitude e um hábito de se aperfeiçoar constantemente.

91

O PODER DE UMA HORA

Desenvolvi esse hábito ao longo dos últimos 20 anos: leio praticamente todos os dias. Tento aprender pelo menos uma nova competência (repare que disse aprender, não aperfeiçoar) por mês. Depois, no mínimo uma vez por ano, tento fazer algo que exija o uso do máximo possível das minhas novas competências.

Sou muito parecido consigo, na medida em que não tenho tempo ilimitado para investir no auto-aperfeiçoamento; por isso, procuro formas de obter a formação mais intensiva no menor espaço de tempo. Deixe-me dar-lhe um exemplo.

Sou um jogador de golfe interessado, não um bom jogador, de modo algum, mas sem dúvida um jogador interessado. Na verdade, se alguma vez se quiser sentir melhor com o seu golfe, jogue uma partida comigo e sentir-se-á o Tiger Woods.

Mas, como jogo golfe frequentemente no âmbito de eventos relacionados com os negócios, era-me importante melhorar a minha competência. Decidi que queria passar das 115 tacadas para consistentemente abaixo das cem e, por fim, gostaria que o meu golfe ficasse constante nas 80. Se não joga golfe, estas pontuações não significam nada para si, por isso deixe-me dizer-lhe isto: quanto mais alto for o número, pior é a pontuação. Os jogadores de golfe profissionais têm pontuações de 60 e poucas. A maior parte dos bons jogadores começa a jogar na adolescência ou mais cedo; eu comecei a aprender o jogo a sério nos meus 30 e muitos anos.

Para melhorar, decidi recentemente encontrar um treinador. Encontrar o treinador certo não foi difícil; na verdade, ele vivia mesmo na porta ao lado. Tom Brill, um treinador de golfe brilhante, foi treinador assistente de golfe na Universidade do Estado do Arizona em 1990-1991, o penúltimo ano universitário de Phil Mickelson.

Sentei-me junto de Tom e disse-lhe que tinha uma hora e que queria aperfeiçoar o meu jogo. Tom fez-me algumas perguntas e deu-me a informação que apresento mais à frente, que me permitiu ir das 115 às cem tacadas, logo no jogo seguinte.

O que é que fiz com a formação que o Treinador Brill me deu? Comecei a empregá-la de imediato. Marquei algum tempo na minha

92

Capítulo 10. Hora Pessoal 6 – Auto-aperfeiçoamento

agenda para ir ao campo de treino mais próximo, duas vezes por semana durante a hora de almoço, e dar tacadas numas bolas. Também fiz uma lista das coisas de que me queria lembrar da próxima vez que fosse jogar golfe com amigos, que não se importavam que, durante o jogo, eu praticasse algumas coisas que tinha aprendido. Estabeleci o objectivo de pôr este novo conjunto de competências em prática quando fosse realmente importante e concordei jogar num torneio de golfe (algo que antes fizera apenas raramente) no Nevada, em Março de 2006. Ao comprometer-me com um evento com um prazo, tive de me manter concentrado a todo o custo. O meu objectivo para o torneio não era vencê-lo – sabia que isso não aconteceria – mas antes atingir nesse evento a minha melhor pontuação pessoal de sempre.

Deverá investir apenas uma hora a adquirir uma nova competência ou a aperfeiçoar uma? A resposta é, sem dúvida, "não". São precisas cerca de mil horas de prática para desenvolver perícia de mestre numa nova competência. Vou continuar a investir no campo uma hora de cada vez e, pelo menos uma vez por mês, vou adquirir formação adicional. Para mim o golfe é tanto uma competência profissional como uma competência da vida e é uma que tenho de dominar.

A sua capacidade para gerir a sua vida e o seu tempo dita quantas novas competências irá querer desenvolver numa dada altura da sua vida, mas, de acordo com a minha experiência, é uma má ideia adoptar mais de uma ou duas de cada vez, se necessitarem de uma concentração significativa para que as consiga dominar.

CONSELHO DO TREINADOR TOM BRILL PARA APERFEIÇOAR O SEU JOGO DE GOLFE NUMA HORA

Pratique o seu jogo curto desde os 115 metros. Setenta e cinco por cento das suas tacadas são a essa distância.

O jogo curto requer inteligência e imaginação. Se é apenas um jogador de fim-de-semana, tem de obter informação e conselhos de profissionais e de jogadores de golfe melhores do que você. Aprenda o que eles fazem para ter sucesso no jogo curto.

O PODER DE UMA HORA

CONSELHO DO TREINADOR TOM BRILL PARA APERFEIÇOAR O SEU JOGO DE GOLFE NUMA HORA (continuação)

O jogo curto é como lançar um bola se basebol: tem diferentes formas de agarrar, diferentes movimentos e quer trabalhar no controlo da bola.

Tenha uma ou duas aulas. Depende do quanto quer ser bom. Escolha um profissional com quem esteja à vontade e tenha uma aula de dois em dois meses. Tiger Woods é o melhor jogador do mundo e encontra-se com o seu professor com mais frequência do que essa.

Phil Mickelson, o melhor jogo curto no golfe, recorre a Dave Pells. Ele é o profissional dos profissionais. O leitor não o consegue fazer sozinho; até os melhores pedem ajuda.

Se vai bater bolas, trabalhe na força sem esforço em vez de no efeito sem força; opte por uma boa tacada, calma, estável e sólida, para que estabeleça contacto, batendo nas bolas em cheio com o centro da face do taco. O jogador de golfe mediano poderá acertar duas em dez; concentre-se em acertar seis em dez.

Esteja bastante concentrado no alvo. Não bata na bola apenas para ver o quanto ela irá longe. Bata para ver até que ponto consegue ser preciso. Estava a falar com Mickelson quando ele andava na universidade, disse-lhe para acertar no sinal de "Stop" e ele perguntou-me "Em que letra?" Isso é concentração. Esteja orientado para o alvo. Torne-o num jogo. Tem de acertar seis em dez antes de poder passar para o próximo taco.

Os livros e os vídeos são uma boa forma de utilizar o seu tempo, porque expandem a sua inteligência e imaginação. Partilham os seus segredos consigo. Nem que seja apenas a *Golf Digest* mensal; leia-a e depois empregue algo que aprendeu.

Algumas das coisas que vê publicitadas na televisão podem ser boas se for um mau jogador de golfe. Irão permi-

CAPÍTULO 10. HORA PESSOAL 6 – AUTO-APERFEIÇOAMENTO

tir que sinta a postura corporal correcta para o *swing* e irão ajudá-lo a manter o *swing* em contacto.

Para levar o seu golfe das cem às 80, tenha uma aula por mês sobre todos os aspectos do jogo: *putting*, jogo curto, jogo longo, jogo mental. Faça estes quatro aspectos uma vez em cada três meses. Provavelmente irá ter de investir nisto duas horas por semana a trabalhar no duro, com tempo de prática concentrada. Depois, precisa de jogar pelo menos uma vez por semana.

Quando estiver sentado à sua secretária, pratique a visualização do jogo. O que faço antes de jogar é visualizar os primeiros quatro ou cinco buracos e ter um plano de jogo sobre como irei jogar esses buracos. Quero ter um bom começo e apreciar o jogo. Concentro-me numa ou duas ideias de *swing* nesse dia. As minhas últimas dez bolas no campo de treino, para aquecer antes de jogar, serão exactamente o que eu pretendo jogar no campo de golfe. Faço um lançamento *driver*, um ferro 7, um *wedge* e por aí adiante.

Jogue os primeiros quatro ou cinco buracos no campo de treino para tacadas de longo alcance. Muitos querem apressar--se para a partida de golfe; vá e jogue os primeiros três buracos no campo de treino. Aqueles que querem fazer tudo depressa, batem na bola muito acima durante o *swing* e não fazem ideia para onde a bola está a ir. Estão a preparar-se para ser um desastre. Se nunca jogou no campo de golfe antes, então jogue o seu jogo de casa; vai pô-lo num bom ritmo.

Ideias para auto-aperfeiçoamento que poderá querer desenvolver:

- *Uma nova língua* – estudos recentes sugerem que aprender uma nova língua numa fase avançada da vida pode mesmo prevenir a doença de Alzheimer.

- *Um passatempo* – escrever, pintar, arranjos florais, artes marciais, golfe, mergulho, viajar, escalar montanhas, corridas, pesca, caça, vela, ciclismo de montanha – qualquer passatempo que lhe pareça interessante e emocionante.
- *Uma nova formação* – física, religiões do mundo, gestão, medicina, ganhar dinheiro na Internet, meditação, massagens terapêuticas ou filosofia.
- *Competências de relações* – comunicação, romance, dança, resolução de conflitos, como seduzir um homem ou uma mulher.
- *Competências de carreira* – negociação, vendas, discursos, escrita de negócios, gestão, entrevistas.

Como criar auto-aperfeiçoamento contínuo

O importante a não esquecer relativamente ao auto-aperfeiçoamento é esforçar-se por melhorar continuamente. Lembre-se, são precisas cerca de mil horas de prática para desenvolver a perícia de mestre em qualquer coisa. Se escolher apenas uma actividade para se aperfeiçoar e para se tornar perito nela, poderá manter-se ocupado nos próximos 19 anos, se investir apenas uma hora por semana, ou nos próximos 2,73 anos, se investir uma hora por dia. Pode escolher a velocidade, mas é obrigatório fazê-lo.

DICAS DA TREINADORA DE *FITNESS* WENDY LUISO PARA APERFEIÇOAR A SUA CONDIÇÃO FÍSICA NUMA HORA POR SEMANA

Wendy Luiso é uma culturista de competição e uma treinadora de *fitness* que se concentra em ajudar os outros a desenvolver um plano que funcione para eles. A sua revisão detalhada de situações e necessidades pessoais permite-lhe personalizar um programa para cada cliente. Quando lhe perguntei como ficar em boa forma numa hora por semana, ela partilhou uma série de dicas que qualquer um pode usar. Eis as suas sugestões:

A primeira coisa a fazer é marcar uma consulta com o seu médico para falar sobre as suas preocupações de saúde. Descubra se tem alguma limitação e, de seguida, procure um treinador de confiança. Se apenas se pode concentrar uma hora por semana, eu iria concentrar-me no treino cardiovascular e básico. No que toca ao treino cardiovascular, deve andar, correr, subir e descer escadas. Certifique-se de que mistura tudo isto, para que o seu corpo não se sinta desconfortável; mantenha o seu corpo na incerteza.

Se apenas se pode concentrar uma hora por semana, concentre-se ao longo de vários dias para que não seja tão difícil para o seu corpo. Evite uma hora de intensidade e depois nada durante o resto da semana. Além do mais, mantém o seu corpo activo.

Relativamente ao treino básico, concentre-se nos seus abdominais e nas suas costas. Os exercícios abdominais tradicionais são os melhores para os abdominais e pode fazê-los em quase qualquer sítio.

Para manter uma dieta saudável e reduzir a sua dependência de *fast food*, cozinhe antecipadamente. Concentre-se em comidas com pouca gordura, como frango grelhado e legumes. Qualquer carne pode ser facilmente cozinhada antecipadamente (o peixe é que não). Cozinhe batata ou batata-doce antecipadamente e aqueça-as no microondas. Adopte simplicidade e variedade. Quando estiver num restaurante, peça meia dose ou separe simplesmente metade da comida do seu prato.

Não faça demasiado de uma só vez. Faça mudanças pequenas, insira-as na sua rotina e adicione continuamente. A maioria falha porque faz do exercício e da dieta uma questão de tudo ou nada. Concentre-se em realizar mudanças com as quais possa viver e, à medida que progredir, irá ficar agradavelmente surpreendido com aquilo com que consegue viver e com as coisas sem as quais consegue viver!

Plano de acção de uma hora

O que é que quero conquistar especificamente?

Aperfeiçoar uma área específica da minha vida.

O que é que vou aperfeiçoar especificamente e que competências é que preciso de aprender?

- Definir clara e especificamente quais as competências que tem de aprender para melhorar.
- Listar os passos específicos necessários para alcançar os resultados desejados.
- Atribuir prazos a cada passo.
- Apontar quem vai estar envolvido ou ser responsável por cada passo, se outros estiverem envolvidos.
- Atribuir e agendar tempo para que este plano de acção e passos a ele associados sejam implementados.
- Como irá definir o sucesso, para que saiba que o conquistou?
- Qual é a acção que pode tomar neste preciso momento para iniciar este plano de acção?

A razão por que o auto-aperfeiçoamento é tão importante é que demonstra o que pode ser alcançado num único bloco de uma hora. Também o mantém concentrado no que é mais importante, em vez de apenas em coisas que têm de ser feitas. O auto-aperfeiçoamento acrescenta profundidade à sua vida.

CAPÍTULO 11

HORA PESSOAL 7 – DESCANSO

A focalização intensiva, ou até mesmo a focalização moderada, pode ser mantida apenas por um período de tempo limitado. O mesmo se pode dizer para a verdadeira introspecção e concretização de objectivos; tem de descansar a mente com regularidade para obter clareza e dar à sua mente uma oportunidade para divagar.

Existe uma diferença significativa entre descansar a mente e sonhar acordado. Os descansos da mente, como tudo aquilo de que falamos neste livro, são actividades direccionadas com um resultado predeterminado.

No caso do descanso da mente, o resultado desejado consiste em criar na sua mente um espaço elaborado para relaxamento total e absoluto. O objectivo é ir para esse espaço mental e recuperar. A finalidade é dar descanso à sua mente consciente, para que a sua mente inconsciente tenha espaço para explorar outras oportunidades.

Poderá presumir que estou a falar de meditação, visualização ou de uma outra forma de relaxamento, e isso faz realmente parte daquilo que estou a falar. Mas mais do que apenas meditar, a ideia é que focalize a sua mente em algo que aprecie e longe das suas tarefas normais. Descubra um local onde possa concentrar-se em algo que seja relaxante e alheio àquilo em que se tem vindo a focalizar.

Passo uma boa parte do meu tempo focalizado no desenvolvimento de ideias para o crescimento dos negócios dos meus clientes. Estou altamente concentrado a maior parte do tempo, já que ando à procura de ideias ou oportunidades originais. Mas,

99

O PODER DE UMA HORA

mais ou menos uma vez por semana, tiro uma hora e simplesmente autorizo a minha mente a expandir-se. Tiro umas férias mentais figurativa ou fisicamente. Há dias em que deixo simplesmente a minha mente divagar pelas muitas viagens de mergulho que já fiz. Torno-as tão reais quanto possível, à medida que me vou lembrando como era o local, que tipo de vida marinha estava presente, a sensação da água, como estava o tempo e de como soavam as vozes. À medida que faço isso, focalizo-me na criação de cada vez mais detalhe ou em lembrar-me de cada vez mais viagens. Deixo a minha mente estabelecer todas as ligações associadas a essas memórias e começo a relaxar. Transporto-me mentalmente para um local longe de onde e daquilo em que esteja focalizado.

Se quero descansar literalmente a mente, expando-a de uma forma que nunca fiz. Vou a algum lugar ou estudo alguma coisa. Por exemplo, posso ir a um museu de arte e observar em grande detalhe os quadros de John Pitre. Outras vezes, posso ir à livraria e escolher cinco livros sobre um tópico que nunca estudei em pormenor. Deixo-me ficar interessado e absorto. A minha intenção é concentrar-me apenas na actividade que tenho em mãos.

A parte inconsciente da minha actividade mental continua; estabelece ligações e chega a conclusões baseada naquilo em que estive mais focalizado nas últimas horas ou dias. Durante este descanso mental, surge frequentemente nova informação ou novas ideias. Provavelmente já passou pela experiência de lhe surgir uma ideia extraordinária no chuveiro ou quando estava a dormir. A sua mente precisa de tempo para deixar processar toda a informação, enquanto se liberta de todo o *stress* ligado à descoberta de uma resposta correcta para o seu problema.

Os descansos mentais não são uma desculpa para procrastinar. São alturas agendadas, onde irá desviar intencionalmente a sua mente daquelas tarefas do dia ou da semana, com a finalidade de obter objectividade ou compreensão. Existem para que encontre o seu momento "a-ha".

CAPÍTULO 11. HORA PESSOAL 7 – DESCANSO

Como tornar os seus descansos mentais mais importantes

O problema com o descontrair e descansar a mente é que a maioria não sabe como fazê-lo. Se possui actualmente um processo que lhe permite fazer esses descansos, estes podem estar na sua cabeça ou no exterior. Se tocar um instrumento lhe permite pôr de lado todos os seus pensamentos de trabalho e relaxar a sua mente, faça-o. Se a sua rota de fuga é construir gaiolas para pássaros, isso também é óptimo. Irá encontrar muitas actividades que funcionam para si. *Tai chi*, meditação formal, uma ida a uma galeria de arte ou a uma livraria, lançar bolas de golfe ou fixar os olhos no aquário são tudo formas eficazes de descansar a sua mente da Focalização Intensiva.

O importante nesta hora é deixar a sua mente fazer uma pausa total. Lembre-se, a Focalização Intensiva é como uma visão em túnel; é a concentração precisa num objectivo; não deixa espaço para mais nada. O descanso mental permite tudo o que seja preciso para que a sua mente funcione ao mais alto nível.

Pode descansar a sua mente uma vez por dia, 12 minutos de cada vez, ou pode fazê-lo uma vez por semana, uma hora de cada vez, o que achar mais eficaz.

Em vez de se juntar aos outros à volta da máquina do café na altura da pausa, feche a porta, vá para o seu carro ou esconda-se na sala de reuniões. Coloque-se numa posição confortável e descontraia. Comece a imaginar o seu dia perfeito, as suas férias perfeitas ou a sua reforma perfeita. Torne-os reais levando o seu tempo a concentrar--se nos sons e nas imagens na sua mente. Dê um pouco mais de profundidade e complexidade ao explorar mentalmente como se sentiria nessa situação. Repare nos odores desse sítio maravilhoso. De seguida, continue a acrescentar pormenores até estar completamente hipnotizado pela sua criação. Ligue um alarme ou despertador, para o caso de se deixar levar ou de se esquecer de voltar à realidade. Durante este tempo, concentre-se em inspirar fundo pelo nariz, até ao estômago, para baixo até às suas ancas e expire pela boca.

O PODER DE UMA HORA

Se vir que os pensamentos estão a voltar ao assunto em que esteve concentrado antes, reconheça esse pensamento, deixe-o passar e depois continue a construir a sua utopia. Quando começar a descansar a mente, ao início poderá não observar nada mais para além de se sentir mais relaxado e renovado quando voltar ao trabalho. Mas, à medida que progredir, esteja pronto para as ideias que irão espontaneamente passar pela sua cabeça acerca de *qualquer* projecto ou ideia no qual tenha estado a trabalhar. A ideia não é descansar a mente com a finalidade de ter uma ideia; é antes dar à sua mente um descanso, mas estar presente o suficiente para captar uma ideia se ela surgir.

Se decidir realizar uma actividade física como ir ao parque, fazer arranjos florais ou ioga, aplica-se o mesmo processo. Realize essa actividade até ao ponto em que ela é tudo aquilo em que se está a focalizar, mas esteja presente para as ideias que se apresentarem.

Não existe provavelmente qualquer mente brilhante no mundo, viva ou morta, que não descanse/descansasse a mente para renovar o cérebro. Veja isto desta forma: se estiver a fazer exercício físico ou a trabalhar arduamente, a dada altura os seus músculos irão cansar-se; não poderá dar nem mais um passo. O seu cérebro não é diferente quando se está a concentrar ou a completar uma tarefa; tem de ter tempo para relaxar e renovar-se.

Eis uma última ideia sobre como descansar a sua mente. As massagens são uma ferramenta poderosa para o descanso da mente, porque fazem duas coisas de uma só vez: permitem-lhe tempo para relaxar fisicamente, devido ao efeito da massagem, e dão-lhe tempo para relaxamento mental. Em muitos casos, entrará num estado de quase transe por estar tão relaxado. Saberá que está ali, porque não está de facto a dormir, mas também não está mesmo acordado; está apenas profundamente relaxado. Eu mantenho um pequeno gravador à mão quando faço massagens, para poder anotar as ideias que me surgem quando estou no estado de descontracção.

102

Experimente o descanso da mente. Se seguir o processo de o fazer seriamente uma vez por dia ou uma vez por semana, irá ficar surpreendido com o progresso que fará em apenas uma hora.

Plano de acção de uma hora

O que é que quero conquistar especificamente?

Descansar a mente.

O que é que vou fazer especificamente para segmentar e melhorar as minhas ligações actuais?

- Definir uma actividade que permita relaxar completamente a mente e afastar-se de pensamentos, concentrações ou esforços insistentes.
- Listar os momentos específicos em que vai descansar a mente.
- Marcar esses momentos na sua agenda.
- Como irá definir o sucesso, para que saiba que o conquistou?
- Qual é a acção que pode tomar neste preciso momento para iniciar este plano de acção?

103

CAPÍTULO 12

HORA PESSOAL 8 – VISUALIZAR: CRIAR UMA VISÃO SUPERIOR DE VIDA

A visão sem acção é uma fantasia.
A acção sem visão é um pesadelo.
Provérbio Japonês

A dada altura na nossa vida, chegamos a um ponto em que ficamos incertos sobre o que fazer a seguir, qual a nossa finalidade e o que queremos da vida.

Demasiadas vezes optamos por não fazer nada, ou por aceitar simplesmente o que a vida nos traz e justificá-lo como sendo parte da experiência por que tínhamos de passar ou como uma lição que tínhamos de aprender. Mas a realidade é que vai receber exactamente aquilo que pedir.

Tem de ter uma visão da sua vida, algo mais persuasivo do que as suas distracções diárias, se quiser atingir o seu potencial, concretizar algo significante ou, mais importante do que isso, alcançar o nível de felicidade e satisfação pessoal que merece. Visualizar* é um processo eficaz para definir e planear com clareza a sua visão superior de vida.

O que é uma visão e como se cria uma?

Muitos encaramos a visão como algo que as empresas fazem, uma declaração que elas criam para as guiar, que é geralmente ambígua e que se poderia empregar a qualquer um. Uma visão a sério é algo muito mais forte.

---

* N.T. No original, *envisioneering*™.

O PODER DE UMA HORA

Hitler tinha uma visão. Era terrível, mas tão persuasiva que foi capaz de influenciar multidões. Martin Luther King tinha uma visão, tão poderosa e persuasiva que estava disposto a dar a sua vida por ela e, no final, deu mesmo. Mas, entretanto, mudou os EUA para sempre. Albert Einstein tinha uma visão que o motivou e acabou por mudar a realidade e a física para sempre.

O dicionário* define visão como: 1 a: algo visto num sonho, transe ou êxtase; *especialmente*: uma aparição sobrenatural que transmite uma revelação; b: um produto da imaginação; c: uma manifestação aos sentidos de algo imaterial. 2 a: o acto ou poder de imaginação; b (1): modo de ver ou conceber (2): discernimento ou previsão invulgares <um homem de visão>; c: consciência mística directa do sobrenatural, geralmente na forma visível.

A semelhança encontrada em Hitler, King e Einstein era a sua capacidade de manifestar uma visão e de dedicar a sua focalização e convicção inabaláveis para a concretizar. Eles imaginaram algo tão claramente que o manifestaram (definição: *tornar evidente ou certo ao mostrar ou expor*) não apenas aos seus sentidos, mas também aos sentidos daqueles que os rodeavam. Quando Einstein se imaginou a cavalgar num raio de luz pelo espaço fora, teve uma revelação. Quando estes homens tiveram a visão e estavam focalizados, libertaram o poder da manifestação. O poder da manifestação diz que tudo o que conseguir conceber, conseguirá criar, e as forças invisíveis da mente, do universo e do espírito humano irão vincular-se ao seu empreendimento e conduzi-lo com sucesso pela sua visão até esta se tornar realidade.

O poder da manifestação tem sido o tema de centenas de livros, palestras e estudos, e todos concordam que pode manifestar a vida que quer, se assim o escolher. Muitos desses livros oferecem ideias de aspectos que pode manifestar e alguns até

---

* N.T. O dicionário referido pelo autor é o *Merriam-Webster's Collegiate Dictionary* e as definições aqui apresentadas são uma tradução da sua transcrição desse dicionário.

106

CAPÍTULO 12. HORA PESSOAL 8 – VISUALIZAR: CRIAR UMA VISÃO SUPERIOR DE VIDA

lhe dão alguma ideia do plano a seguir, mas esses planos são adequados apenas para aqueles que os escreveram e não necessariamente para quem lê o livro.

O único que é perfeito para si e que irá garantir o seu sucesso é a sua Visão Superior de Vida: uma matriz viva que incorpora e representa o "você" que cria. Não é estática, mas antes totalmente evolutiva no seu exterior e, no entanto, substancial na sua essência. Se olhar para uma cidade, a base da cidade permanece intacta mesmo quando esta evolui para um organismo muito maior.

Quase todos os estudos acima mencionados não encontraram o verdadeiro segredo.

A revelação do segredo escondido da manifestação

Primeiro diga a si mesmo o que você seria; e depois faça o que tem a fazer.

Epicteto (55-135 d.C.) Filósofo romano

O segredo para manifestar qualquer aspecto que deseja na vida ou nos negócios tem quatro condições que devem ser satisfeitas, para libertar totalmente o poder da manifestação.

A primeira condição da manifestação: tem de definir especificamente o que quer. Recebe aquilo que pede no formato exacto em que o pediu. Se pedir algo que seja unidimensional, sem profundidade ou descrição, é isso que irá ter e isso não o irá satisfazer. Por outro lado, se pedir algo com grande detalhe, imbuído de emoções e sentimentos, revestido de experiências e algo que possa ver tão claramente na sua mente que se torna real, então receberá isso, que será rico e capacitador.

A segunda condição consiste em compreender de que forma aquilo que quer se encaixa na sua visão superior de vida. Lembre-

107

O PODER DE UMA HORA

-se, a sua mente só consegue funcionar numa direcção de cada vez. Se apenas se concentrar em ter um carro novo, não se consegue concentrar em obter a vida que realmente quer. Logo, a segunda parte da equação consiste em colocar o que quer na devida perspectiva da sua Visão Superior de Vida. Onde é que se encaixa o que quer fazer e o que é que isso lhe traz? Se conseguir responder a estas perguntas, a manifestação já está a começar a acontecer.

A terceira condição do segredo consiste em dar poder à sua Visão Superior de Vida. Mantenha-a poderosa na sua mente e crie-a na realidade física. Um dos métodos mais eficazes para criar a sua visão na realidade física é registá-la em papel ou no seu processador de texto. Um processador de texto é particularmente poderoso porque, quando o plano evolui, é mais fácil acrescentar e editar a próxima composição e experiência. Uma consequência desta parte do segredo é que o leitor tem o controlo. Pode alterar a sua visão sempre que for apropriado.

A parte final da equação consiste em accionar a sua Visão Superior de Vida. Para demonstrar um compromisso à vida que deseja criar, deve agir para a sua concretização assim que acabar de criar a sua Visão Superior de Vida. A fazê-lo, acciona o plano; a sua visão enche-se de vida e torna-se numa força poderosa e fundamental que o empurra na direcção do seu potencial máximo. Adicionalmente, poderá reunir com mais eficácia os recursos e as pessoas necessários para concretizar a sua visão.

Visão sem acção é apenas um sonho. Acção sem visão apenas passa o tempo. Visão com acção pode mudar o mundo.
Joel A. Barker, autor, consultor e empresário norte-americano

Quanto mais persuasiva for a sua visão, mais fácil será dar os primeiros passos. Por isso, adicione vários pensamentos e ideias; crie a imagem mais brilhante da realidade que conseguir imaginar. Volte a ela como um artista e adicione outra cor, elemento, pincelada ou característica, para a trazer à vida.

108

CAPÍTULO 12. HORA PESSOAL 8 – VISUALIZAR: CRIAR UMA VISÃO SUPERIOR DE VIDA

Perguntas poderosas para impulsionar a sua Visão Superior de Vida

Há apenas um sucesso – viver a sua vida à sua maneira.
Christopher Morley

As perguntas que se seguem são um ponto de partida para usar na criação da sua Visão Superior de Vida. Irão dar-lhe uma ideia de como alcançar a profundidade e a dimensão necessárias à criação de uma visão persuasiva exclusivamente para si. Irão ajudá-lo a desenvolver a estrutura necessária para construir totalmente a matriz da sua vida.

Estas perguntas são da maior eficácia, se apontar todas as respostas que lhe vierem à cabeça. Faça isso para cada pergunta. Se se lembrar de outra pergunta que definiria melhor a sua visão, escreva-a e inclua as suas respostas. Responda às perguntas na primeira pessoa: "eu sou" ou "eu faço."

Certifique-se de que responde a estas perguntas como se estivesse já a viver a sua vida perfeita. Se não tiver a certeza de como responder a uma pergunta, aponte a primeira coisa que lhe vier à cabeça ou o que achar que alguém que respeita e em quem confia totalmente poderia dizer.

Nota: Para alguns é útil fazer este exercício duas vezes: a primeira vez para apontar o que faz actualmente em resposta à pergunta, e a segunda vez para responder à pergunta como se já estivesse na sua vida perfeita. Às vezes é útil comparar o seu plano de vida actual com aquele que o leva a manifestar o seu verdadeiro ser.

A minha vida perfeita

- Como é um dia perfeito na minha vida perfeita?
- Qual é a primeira coisa que faço quando me levanto da cama?
- O que é que fiz na noite anterior para tornar este dia perfeito?

O PODER DE UMA HORA

- O que é vou ouvir? Ler? Pesquisar? Explorar?
- Que exercício é que vou fazer?
- O que é que vou comer?
- Como é que vou relaxar? Qual vai ser a sensação?
- O que é importante para mim?
- Como está a minha saúde? Porquê?
- Como é que ultrapasso contratempos e obstáculos?
- O que é que faço quando me sinto preso?
- Como é que me recompenso?
- Que música oiço?
- O que é que crio?
- Do que é que estou agradecido?
- O que é que fiz até agora para chegar ao estado mental e físico em que me encontro?
- Quem estará lá comigo?
- O que é que eles estão a acrescentar à minha vida? Como, especificamente?
- Onde é que estarei especificamente? País, cidade, ambiente?
- Como é a minha casa, em pormenor? Por dentro? Por fora?
- Que odores irei sentir?
- O que irei fazer nesse dia? De manhã, de tarde e de noite?
- Quem são os meus mentores e o que é que me estão a ensinar?
- Que passado e presente é que ainda vou querer na minha vida?
- Como é que encontrei os meus mentores actuais e anteriores?
- O que é que consigo fazer melhor do que qualquer outro?
- Em que é que sou um especialista?
- Que conhecimento possuo que outros procuram?
- O que é que vou obter por viver o meu dia perfeito?
- Como é que me vou sentir? O que vou alcançar?
- Qual é a última coisa que farei antes de me deitar?

110

CAPÍTULO 12. HORA PESSOAL 8 – VISUALIZAR: CRIAR UMA VISÃO SUPERIOR DE VIDA

A minha carreira ou o meu negócio perfeito
- Que carreira perfeita é que criei para mim?
- Em alternativa: Que negócio perfeito é que criei para mim?
- Porquê?
- O que é vou obter da minha carreira ou do meu negócio? Dinheiro? Reconhecimento? Satisfação?
- Quanto de cada?
- Isso é suficiente?
- O que é que estou a retribuir à minha família? Cidade? Estado? País? Humanidade?
- Como é que me sinto quando vivo diariamente a minha carreira? Realizado? Entusiasmado?
- Como é que cheguei a este ponto da minha vida?
- O que é que aprendi?
- O que é que vivi?
- O que é que criei?
- Como é que estes se interligam para criar esta situação perfeita?
- Até que ponto a minha carreira é grande? Tenho controlo sobre ela?
- O que é que faço pelos outros à minha volta, que apoiam a minha carreira ou o meu negócio?
- Como, especificamente?
- Quando é que a minha carreira, ou o meu negócio, irá estar completa?
- Especificamente, como é que irei saber quando concretizei tudo o que devia?
- Como é que criei a minha carreira ou o meu negócio perfeito?
- O que é que fiz, especificamente?
- Quem me ajudou? (Pode ser alguém que já conhece ou a descrição de características de pessoas que o ajudaram ao longo do caminho.)
- Como é que conheci essas pessoas?

- O que é que elas obtiveram por me ajudar?
- Pelo que é que sou conhecido?
- O que é que a minha família e/ou entes queridos obtêm da minha carreira ou do meu negócio?
- Que limitações, obstáculos ou bloqueios é que ultrapassei para chegar aqui?
- Como é que os ultrapassei?
- Como é que a minha carreira ou negócio se encaixa na minha vida perfeita e a apoia?

A minha relação perfeita
- Quem é a pessoa na minha vida que me completa?
- Que qualidades dela a tornam perfeita para mim?
- Como é ela especificamente? De que cor é o seu cabelo? Os olhos? Como é a sua estrutura?
- O que é que mais gosta em mim?
- De que forma é brilhante?
- Especificamente, como é que me completa? O que é que acrescenta à equação que eu não tenha já?
- Que tipo de pessoa é?
- O que é que faz profissionalmente?
- Até que ponto é instruída? Formalmente? Informalmente?
- O que é que faz para se divertir?
- O que faz por mim que mais ninguém pode fazer?
- De que forma é que olha para mim e me dá a entender que me ama, mesmo quando mais ninguém sabe o que esse olhar significa?
- Como é que o meu corpo se sente quando estamos juntos?
- Como são as minhas emoções? De quais emoções é que estou mais consciente quando estou com ela?
- O que é sabe sobre mim que mais ninguém sabe?
- Como é que lhe demonstro que a amo?
- Como é que reage a isso?

Capítulo 12. Hora Pessoal 8 – Visualizar: criar uma Visão Superior de Vida

- O que é que faria por ela, sem hesitar, que mais ninguém no mundo faria?
- Como é a nossa relação?
- Que amigos é que vamos ter?
- Que filhos é que temos ou iremos ter filhos?
- Como é a nossa amizade?
- Pode dar-me um exemplo de como será?
- Como é a nossa vida sexual?
- Como é o tempo que passamos separados?
- Como são as nossas férias?
- Onde vamos?
- O que fazemos?
- Sobre o que falamos na privacidade da nossa casa?
- Somos conhecidos por fazermos juntos o quê?
- Em que é que discordamos?
- Em que é que somos diferentes um do outro?
- Ao que é que essa pessoa cheira?
- Que tipo de pensador é?
- Que tipo de música é que gosta de ouvir?
- Que tipo de filmes é que gosta de ver?
- Qual é o sonho que tem que apoio de todas as formas que posso?
- Como é que soube que encontrei o/a companheiro/a perfeito/a?
- Que convicções, emoções, pensamentos ou ideias limitativas é que ultrapassei para atrair o/a companheiro/a perfeito/a?
- Como é que os ultrapassei?
- Como é que o/a meu/minha companheiro/a se encaixa na minha vida perfeita?

A minha espiritualidade perfeita
- O que é que significa para mim espiritualidade?
- Em que é que acredito?

113

O PODER DE UMA HORA

- Porquê?
- O que é que estou a aprender?
- O que é que estou a explorar?
- Que convicções é que tenho que são de tendência predominante?
- Que convicções é que tenho que não são de tendência predominante?
- Sou religioso?
- Como é que saberei quando me tornei numa pessoal espiritual?
- O que é que estará presente na minha vida?
- Como é que me irei sentir?
- Que livros estou a ler?
- Como é que pratico a minha espiritualidade?
- Como é que a minha vida espiritual se manifesta?
- Como é o meu Deus? (Descreva o seu Deus com pormenores, o que o seu Deus saberia, faria, seria?)
- Como é que os outros são afectados pela minha espiritualidade?
- O que é que fiz ao longo do tempo para chegar a este ponto de existência?
- Como é que sei que cheguei a um ponto espiritualmente apropriado?
- Quem são os grandes professores que estudei?
- Quantos outros é que são como eu?
- Que pensamentos ou convicções limitativas é que ultrapassei para chegar a este ponto?
- Como é que os ultrapassei?
- Onde é que a minha espiritualidade se encaixa na minha vida perfeita?

A minha situação financeira perfeita
- Quanto dinheiro é que tenho?
- Qual é a minha riqueza? (Investimentos, poupanças, etc.)

114

CAPÍTULO 12. HORA PESSOAL 8 – VISUALIZAR: CRIAR UMA VISÃO SUPERIOR DE VIDA

- Que ornamentos de riqueza é que possuo? (Carros, casas, barcos, iates, aviões, etc.)
- O que é que a minha riqueza me dá?
- Como é que a minha riqueza me faz sentir?
- Como é que aplico a minha riqueza para fazer do mundo um sítio melhor?
- Qual vai ser a próxima grande coisa que farei com o meu dinheiro?
- Como é que aqueles que me rodeiam se sentem comigo e com a minha riqueza?
- Como é que consigo a minha riqueza?
- Qual é o facto surpreendente que consigo fazer com dinheiro?
- Que coisas é que compro facilmente?
- Como é que a minha vida mudou em consequência da minha riqueza?
- Qual é a minha atitude para com o dinheiro? Porquê?
- Se precisar de mais dinheiro amanhã, como é que o consigo?
- O que é que o dinheiro me dá?
- Especificamente, como é que aprendi a ter a riqueza que tenho?
- O que é que estudo? O que é que leio? Com que frequência?
- Há pessoas na minha vida que me ajudam com o meu dinheiro?
- O que é que fazem?
- Por que é que decidi que queria que me ajudassem?
- Que obstáculos ou comportamentos limitativos sobre dinheiro é que tive de ultrapassar?
- Como é que os ultrapassei?
- Como é que a minha riqueza se encaixa na minha vida perfeita?

Várias perguntas

- Quem são os meus amigos?
- Como é que eles se tornaram meus amigos?
- São os mesmos amigos que tinha antes de desenvolver a minha vida perfeita?
- Se não são os mesmos, porquê? E se são os mesmos, porquê?
- Sou amigo de que pessoas famosas? E de que pessoas famosas pelos piores motivos?
- Com que frequência é que passo tempo sozinho a pensar?
- Qual é a contribuição que dou ao mundo?
- O que é que estou disposto a arriscar?
- Como é que saberei que é altura de arriscar?
- Por que é que estou disposto a arriscar?
- Que coisas me fazem pensar, quando me lembro delas, por que é que levei tanto tempo a superá-las?
- Onde é que estava preso e o que é que fiz para ultrapassar isso?
- Como é a minha relação com cada familiar meu e o que é que fiz para chegar a esse ponto?
- Quem é que perdoei e esqueci, que me libertou? O que é que fiz para perdoar? Qual foi o sentimento mais significativo que tive ao esquecer? O que é que tenho agora em consequência disso?
- Como é que mantenho um pensamento sensato?
- O que é que continuo a explorar e a aprender?
- O que significa para mim pensar?
- O que é para mim explorar?
- O que é para mim sentir?
- Ainda tenho curiosidade sobre o quê?
- O que é que constitui uma fonte infindável de espanto para mim?
- Quais são os meus passatempos?
- Que satisfação é que retiro dos meus passatempos?

CAPÍTULO 12. HORA PESSOAL 8 – VISUALIZAR: CRIAR UMA VISÃO SUPERIOR DE VIDA

- Como é que sou criativo?
- O que é que queria mais que tudo e que tenho agora? O que é que continuo a querer mais que tudo?
- O que é que já visitei? O que é que ainda quero visitar?
- Que perguntas tenho ainda que fazer?

Passos finais para o sucesso

Agora que aprofundou seriamente o seu futuro, tem de criar um esquema para a sua Visão Superior de Vida. Tem a estrutura para encontrar a finalidade da sua vida e tem um plano especificamente para si e criado por si.

Já começou a manifestar a sua vida perfeita! Parabéns!

A consolidação é o passo final na junção das peças do seu plano. Em formato narrativo, escreva um ou dois parágrafos descrevendo em pormenor a sua vida perfeita. Deve dar vida e poder à sua Visão Superior de Vida e transmitir uma visão geral da sua vida perfeita acima mencionada.

Combine na escrita a essência das experiências, ideias, pensamentos, desejos, sonhos, prazos e capacidades que esquematizou anteriormente. Mantenha o resultado consigo para que, quando se sentir frustrado, incerto ou se desviar do assunto, possa pegar nele e lembrar-se dos seus objectivos para a concretização da sua vida perfeita. A sua lembrança escrita deve descrever com nitidez a vida que deseja e o que significa essa concretização.

A sua Visão Superior de Vida descreve-o a si, à sua finalidade e à sua missão. Se não tem a certeza se se está a aproximar ou a afastar da sua vida perfeita, pode reflectir. Também tem uma descrição perfeita e concisa da vida que deseja; o ser que está a manifestar.

Irá utilizar a sua Visão Superior de Vida para seguir o seu caminho e reconhecer a manifestação à medida que esta ocorre. De cada vez que uma parte da sua visão for concretizada, aponte

117

O PODER DE UMA HORA

no seu plano a data e as circunstâncias em que ocorreu. Ficará espantado como manifestou o que tinha imaginado ser.

À medida que completou este exercício, apontou, sem dúvida, as competências que adquiriu ao longo do tempo, experiências que teve, temas que estudou e mais. Leve o seu tempo agora a apontá-los por baixo de cada um dos pontos seguintes:

- Competências que irei adquirir para criar a minha vida perfeita.
- Experiências que irei ter para criar a minha vida perfeita.
- Lugares que irei visitar para criar a minha vida perfeita.
- Pessoas que tenho de conhecer ou manter o contacto para criar a minha vida perfeita.
- Calendários e prazos de que tenho de estar consciente para criar a minha vida perfeita.
- Os próximos três passos que tenho de dar no caminho para a minha vida perfeita.
- O primeiro passo que irei dar hoje na direcção da minha vida perfeita, libertando assim o poder da manifestação.

À medida que o tempo for passando, reveja as perguntas novamente; adicione mais textura, camadas e profundidade, conforme apropriado. Fique feliz com o que trouxe à vida e sinta-se livre para enfrentar grandes desafios ou para sentir a satisfação do sucesso.

Active a sua visão agora, dê o primeiro passo e será rapidamente puxado para a vida da sua visão pela força interior invisível. A única coisa que o impede de fazer tudo o que sempre sonhou ou desejou é a sua disposição para dar o primeiro passo.

118

CAPÍTULO 12. HORA PESSOAL 8 – VISUALIZAR: CRIAR UMA VISÃO SUPERIOR DE VIDA

Plano de acção de uma hora

O que é que quero conquistar especificamente?

Criar uma visão superior de vida.

O que é que vou fazer especificamente para criar a minha visão superior de vida?

- Estudar todas as perguntas acima listadas para desenvolver a sua visão.
- Criar ou reexaminar e aperfeiçoar a sua visão.
- Avaliar a informação recolhida com as perguntas anteriores e estudar as respostas, para compreender totalmente por que é que está a empreender esta acção e o que tem de fazer para ser bem sucedido.
- Listar os passos específicos necessários para alcançar os resultados desejados.
- Atribuir prazos a cada passo.
- Apontar quem vai estar envolvido ou ser responsável por cada passo, se outros estiverem envolvidos.
- Atribuir e agendar tempo para que este plano de acção e passos a ele associados sejam implementados.
- Como irá definir o sucesso, para que saiba que o conquistou?
- Qual é a acção que pode tomar neste preciso momento para iniciar este plano de acção?

CAPÍTULO 13

HORA PESSOAL 9 – ULTRAPASSAR O SEU MEDO E REINVENTAR-SE

Quando falo em reinventar-se, estou a referir-me a todas as formas possíveis de como se pode reinventar. Pode reinventar a sua vida, a sua carreira ou o seu negócio. Reinventar-se significa fazer uma mudança significativa no decurso das suas acções quotidianas. Reinventar-se pode acontecer frequentemente ou uma vez na sua vida ou, para muitos, nunca. A reinvenção é sempre boa, porque lhe dá a oportunidade de experimentar algo que vai mudar para sempre a sua percepção da vida e dos negócios.

O factor medo

O medo é a barreira mais significativa com que se depara qualquer um que se prepare para criar algo novo. O medo é um forte motivador, porque, como seres humanos, estamos programados para nos protegermos. No entanto, se tivéssemos cedido ao impulso de nos protegermos nunca teríamos conquistado novas terras, construído estruturas de uma grandiosidade sem precedentes ou perguntado à miúda gira que acabámos de conhecer se queria sair connosco. O medo é uma convicção baseada, por vezes, em experiências anteriores, mas muitas vezes baseia-se apenas naquilo que pensamos que vai acontecer. O medo reprime oportunidades mesmo quando não temos qualquer prova empírica que indique que iremos fracassar ou que algo de mau irá acontecer. Simplesmente utilizamos o medo para justificar o potencial fracasso.

O PODER DE UMA HORA

Não é a sensação física do medo ou da dor que o impede de fazer aquilo que é mais importante. É a antecipação de resultados imaginados que impede o sucesso. Quando confrontado de repente com um evento temeroso reage e sobrevive. Quando se apresenta uma oportunidade que contém um elemento de incerteza, mudança ou dúvida, começará a antecipar. A sua mente constrói cenários que criam medo com mais rapidez do que a que tem para os ultrapassar. A mente é tão forte que pode travar imediatamente o progresso e o potencial.

Como ultrapassar o medo

É muito simples ultrapassar o medo; tome uma Acção Esclarecida. A Acção Esclarecida ultrapassa o medo e reduz a probabilidade de fracasso ou a consciencialização de resultados hipoteticamente desastrosos. Informação genuína e *feedback* fornecem-lhe a única ferramenta de confiança para determinar o que acontece a seguir. Não estou a dizer que não possa olhar para possíveis cenários e avaliá-los em relação à probabilidade de sucesso; deve usar as suas competências de pensamento crítico. O que estou a dizer é que, se não agir para ultrapassar o seu medo, irá obter apenas *feedback* de reforço que não encoraja qualquer acção. A Acção Esclarecida ultrapassa o medo.

Há duas formas de ultrapassar o medo. A primeira consiste em fazer algo sem esclarecimento e aceitar o resultado da sua acção. Pense sobre este método como o método "toque no animal selvagem com o pau e veja o que acontece". A segunda e mais adequada forma consiste em aplicar a Acção Esclarecida e munir-se de um número razoável de factos antes de tomar qualquer acção.

Quando trabalhava numa equipa SWAT, não deixávamos que colegas novos saltassem logo para combate da próxima vez que houvesse uma emergência; primeiro recebiam formação.

122

CAPÍTULO 13. HORA PESSOAL 9 – ULTRAPASSAR O SEU MEDO E REINVENTAR-SE

Dávamos-lhes um novo conjunto de competências e depois púnhamo-los a praticar essas novas competências num ambiente controlado. Ao fornecermos-lhes medidas de Acção Esclarecida, aprenderam a responder. O seu medo desapareceu porque receberam *feedback* genuíno, baseado em experiências de vida reais. Ao conhecerem os factos sobre aquilo que era mais provável que acontecesse, aqueles que se estavam a reinventar como membros SWAT estavam aptos a ultrapassar os seus medos e a aumentar significativamente a sua probabilidade de sucesso.

Ao longo da minha vida, reinventei-me uma série de vezes. Quando estava a crescer, queria ser *cowboy*, polícia e soldado, e já tinha sido todos eles antes de completar 25 anos. Também já tinha sido empresário e autor, duas situações que não tinha considerado, que exigiram que reinventasse quem era. Para ter sucesso em todas as oportunidades, tive de pegar nas experiências das situações anteriores que conseguia trazer e adquirir rapidamente novas competências para alcançar o sucesso na minha nova vida. Também tive de tomar medidas de Acção Esclarecida para me posicionar para o sucesso.

Como determinar os seus passos de Acção Esclarecida

O caminho mais simples para a Acção Esclarecida é a educação e a imitação. Quando se preparar para se reinventar, invista algum tempo a estudar o que é necessário para se tornar no seu novo "eu". Leia livros e revistas, faça pesquisa, veja a programação da televisão, estude os líderes de qualquer ramo e veja o que é que eles fizeram para chegar onde estão hoje. Aprenda tudo o que puder sobre o que vai ser exigido de si.

Depois de começar a estudar o que é importante, imite aqueles que têm mais sucesso. Determine o que cada um faz para ser bem sucedido. Observe as suas competências, atitudes, convicções e acções. Comece a fazer algumas das coisas que eles fazem. Peça

123

O PODER DE UMA HORA

até a um deles que seja o seu mentor neste processo. Ter um mentor pode poupar várias horas à sua transformação.

Por fim, elabore o seu plano de acção. O seu plano vai ser determinado pela complexidade daquilo que aprendeu ou fez para completar a sua reinvenção. Seja específico acerca dos passos necessários para atingir o sucesso.

Descobri que reinventar-me se tornou mais fácil de cada vez que o tento, e adquiri um conjunto único de competências e experiência para aplicar na próxima oportunidade. Essas competências e oportunidades únicas criaram uma forte vantagem competitiva na minha nova posição. O conjunto de competências mais importante pode ser mesmo o da reinvenção.

Reinventar-se requer que faça uma mudança fundamental no seu esquema actual de convicções. É normal que se defina utilizando um rótulo criado por si. É um empresário, um carteiro, um merceeiro ou um assistente de bordo. Qualquer que seja o rótulo que desenvolveu, este tende a colorir a sua visão do mundo que o rodeia. Através deste rótulo, criou um conjunto de convicções que usa para avaliar tudo.

Para mudar, tem de suspender as suas convicções durante algum tempo. Tem de acreditar que a mudança é possível e estar disposto a testá-la. A reinvenção começa a um nível de convicção e acaba a um nível de mudança visível e não o contrário. Quase todos os que procuram reinventar-se tentam o método "fingi-lo até fazê-lo", ou atiram-se de cabeça para a nova situação e afundam-se ou nadam. Nenhum destes métodos é apropriado.

Fingi-lo até o obter é um dos piores conselhos alguma vez dados e eu digo-lhe porquê. Primeiro, aqueles que são adeptos da sua nova vida ou competência irão aperceber-se de que está a fingir. Segundo, irá perder o valor da experiência ou a oportunidade que existe quando segue um plano para se reinventar.

Atirar-se de cabeça, sem preparação, para a sua nova vida é quase tão mau como fingi-la até a concretizar. Embora o método "afundar ou nadar" possa funcionar, afunda-se com frequência.

124

CAPÍTULO **13.** HORA PESSOAL 9 – ULTRAPASSAR O SEU MEDO E REINVENTAR-SE

Quantos mais fracassos tiver, maior é a probabilidade de voltar aos seus antigos hábitos, reforçando assim as suas convicções anteriores sobre por que é que não consegue mudar. O resultado é que não terá sucesso ou o seu sucesso irá ser dificultado e atrasado ao longo do tempo.

Como se reinventar

A primeira medida para se reinventar consiste em fazer um inventário das suas competências actuais e ver quais as que são aplicáveis à sua nova situação. Ao avaliar o seu conjunto de competências actual, prepara o caminho para a assimilação mais rápida possível de uma nova vida.

De seguida, avalie as competências e outros requisitos necessários para alcançar o sucesso. O que é que, especificamente, irá ter de aprender, quem é que terá de conhecer, o que é que terá de fazer para criar todo um novo "eu"? Anote agora estes assuntos em pormenor.

Depois, avalie honestamente as suas convicções sobre mudança, sobre ser alguém diferente. Faça a si mesmo e responda honestamente a estas perguntas:

- Por que é que estou a recriar a minha vida e o que é que ela fará por mim, pela minha família e pelos meus amigos? O que é que me vai acontecer mental, física, emocional e espiritualmente se eu fizer esta mudança?
- Qual será o impacto nas minhas relações com a família, cônjuge, filhos, amigos, comunidade e comigo mesmo, se fizer esta mudança?
- O que é que estou disposto a sacrificar, se necessário, para criar esta mudança?
- O que é que irá acontecer se eu não for bem sucedido na realização desta transição?

O PODER DE UMA HORA

- Quem é que me irá apoiar incondicionalmente ao longo desta transformação? Quem é que me irá abandonar?
- Após a mudança, o que é que irá ser melhor na minha vida e na minha situação, para que criá-la, independentemente do sacrifício, tenha valido a pena?

Por fim, faça um plano dos seus passos. Determine exactamente quais as competências que tem de aprender primeiro e como as irá adquirir. Ao elaborar um plano de acção preciso, irá criar rapidamente a mudança que deseja.

Plano de acção de uma hora

O que é que quero conquistar especificamente?
Reinventar-me.

O que é que vou fazer especificamente para me reinventar ou reinventar uma área da minha vida ou carreira?

- Definir a área da vida ou da carreira que precisa de ser reinventada.
- Avaliar a informação recolhida com as perguntas anteriores e estudar as respostas, para compreender totalmente por que é que está a empreender esta acção e o que tem de fazer para ser bem sucedido.
- Listar os passos específicos necessários para alcançar os resultados desejados.
- Atribuir prazos a cada passo.
- Apontar quem vai estar envolvido ou ser responsável por cada passo, se outros estiverem envolvidos.

126

Capítulo 13. Hora Pessoal 9 – Ultrapassar o seu medo e reinventar-se

- Atribuir e agendar tempo para que este plano de acção e passos a ele associados sejam implementados.
- Como irá definir o sucesso, para que saiba que o conquistou?
- Qual é a acção que pode tomar neste preciso momento para iniciar este plano de acção?

Reinventar-se ou reinventar áreas específicas da sua vida ou carreira pode muitas vezes ser uma das experiências mais capacitadoras (e rentáveis) da sua vida. Se não estiver continuamente a evoluir, então estará a estagnar e, em última análise, a morrer. Será que decide a sua vida e a forma como a cria irá determinar exactamente o que irá conseguir.

Que parte de si vai hoje reinventar?

CAPÍTULO 14

HORA DE NEGÓCIOS 1 – ENCONTRAR O SEU ENFOQUE NOS NEGÓCIOS

Despender uma hora para encontrar o enfoque do seu negócio irá alterar o seu rumo para sempre. Mesmo quando os negócios estão a correr bem, tem de descobrir o seu enfoque para criar melhorias infinitas.

Encontrar o enfoque nos negócios significa focalizar-se nos seus processos empresariais e no negócio em si. Michael Gerber foi um dos primeiros a identificar que os colaboradores não trabalham no seu negócio, trabalham para o seu negócio. São poucos os que compreendem verdadeiramente o que significa trabalhar no seu negócio: encontrar uma área específica na qual trabalhar, para que esta melhore sistematicamente. Quando melhorar, passe para a área seguinte e assim continua a percorrer as áreas de trabalho do seu negócio. O resultado é que consegue identificar as áreas que precisam de uma atenção específica e também focalizar os seus esforços para criar mudanças rápidas.

Falei com Chet Holmes, o estratega de empresas incluídas na *Fortune 500*, que me explicou por que é que os CEO e os gestores se devem comprometer a focalizar-se nos seus negócios desta forma. Disse-me que, apesar de a maioria não trabalhar de todo nos seus negócios, se dedicar uma hora por semana ao seu negócio pode conseguir melhorias graduais.

Chet realiza com todos os seus clientes um exercício que os ajuda a determinar o seu enfoque. Ele pede à empresa que reúna a equipa de colaboradores que possa ajudar a fazer a empresa

129

O PODER DE UMA HORA

avançar. Todos têm imunidade, mas não se expõem ressentimentos triviais. O enfoque consiste em identificar verdadeiras oportunidades para melhorias. Ele pede a todos que indiquem dois ou três aspectos que precisam de mudar para tornar a empresa melhor, mais inteligente, mais rápida, mais produtiva, entre outros. Anota todas as respostas e estabelece prioridades. Cada pessoa tem três votos. O primeiro vale três pontos, o segundo dois e o terceiro vale um. Os elementos da equipa podem votar em três aspectos que acham que devem ser focalizados primeiro. Depois da votação, as três áreas de focalização com mais votos são as que recebem primeiro a atenção. Mais tarde, a equipa continuará a trabalhar seguindo a ordem da lista. Desta forma, o CEO não tem de aparecer com todas as ideias. Ele apenas facilita o desenvolvimento das ideias e, de seguida, trabalha na acção necessária para as corrigir ou implementar.

Dividir em unidades operacionais

Uma das formas mais eficientes de determinar as áreas de enfoque consiste em dividir a empresa em unidades operacionais. Ao fazer isto, pode focalizar-se em cada uma das áreas do seu negócio. Geralmente não existe uma área que não possa ser melhorada. Para a maior parte dos negócios, isto significa dividir a empresa em vendas, *marketing*, operações, operações financeiras, produção, prestação de serviços e recursos humanos. Mas pode dividir ainda mais as áreas, depois de separar o negócio em unidades operacionais.

Vendas

Passe uma hora por semana a focalizar-se nos seus esforços e na sua equipa de vendas. Se quer compreender o que se passa no

CAPÍTULO **14.** HORA DE NEGÓCIOS 1 – ENCONTRAR O SEU ENFOQUE NOS NEGÓCIOS

mercado, passe algum tempo com a sua equipa de vendas. Estas são geralmente as primeiras a identificar as alterações do mercado, devido às suas interacções frequentes com os clientes.

Se tiver alguém a gerir as vendas, passe a sua hora de vendas como mentor do gestor ou ajudando-o a desenvolver o seu enfoque no departamento. Investigue o que pode fazer para melhorar a rendibilidade do investimento de vendas. Trabalhe para desenvolver estratégias que reduzam o ciclo de vendas ou invista em áreas onde tradicionalmente não fez nada. O seu enfoque nas vendas deve consistir em procurar seriamente formas de criar novas oportunidades de lucro.

Marketing

Avalie os seus esforços de *marketing* com um olhar crítico e com frequência. Irá descobrir oportunidades para poupar e oportunidades para angariar clientes. A maior parte dos CEO ignora o *marketing*. Mas, ao passar uma hora focalizado na sua máquina de *marketing*, irá encontrar novas ideias para angariar clientes e para criar novas linhas de produtos ou serviços que podem reforçar o seu rendimento.

Passar tempo focalizado na experiência do cliente pode ser uma investigação lucrativa. Saiba exactamente que experiência têm os seus clientes nas suas interacções com a sua empresa. Perceba onde é que o processo funciona e onde é que falha. Assim que compreender o processo, poderá melhorá-lo continuamente. No mercado de hoje uma das únicas grandes vantagens competitivas é uma experiência de cliente apelativa. Crie uma razão para que os clientes façam negócio consigo. Faça dos clientes e da experiência deles o seu enfoque e todos os dias irá descobrir novas ideias que o irão salientar de toda a concorrência.

131

O PODER DE UMA HORA

Operações

Passe algum tempo focalizado em todas as áreas que ajudem o seu negócio a funcionar. As operações são uma das áreas mais negligenciadas para melhorias. O seu objectivo deve consistir em melhorar a eficiência. Qualquer coisa que possa fazer para tornar a sua organização mais eficiente, robusta e pró-activa irá ter um enorme impacto em toda a organização.

Operações financeiras

Uma das áreas de operações financeiras mais negligenciada é a estratégia fiscal. Quase todas as pequenas e médias empresas pagam mais impostos do que os necessários. Passe algum do seu tempo de focalização a rever a sua situação fiscal, tanto com um contabilista como com um advogado especializado em Direito Fiscal. Muitas vezes, há estratégias simples de reestruturação que pode utilizar para poupar milhares de dólares.

Deve passar algum tempo concentrado na avaliação do negócio para descobrir oportunidades de redução de custos. Nunca trabalhei com uma organização, quer esteja a enfrentar problemas ou não, que não consiga recuperar os seus resultados através de iniciativas inteligentes de redução de custos. Os primeiros locais a verificar são as antigas relações e sistemas. Irá descobrir muitas vezes que ainda lhe estão a ser cobradas coisas que já não usa ou não precisa. Isto acontece particularmente em serviços e assinaturas.

Produção ou unidades de prestação de serviços

Esta é uma área em que provavelmente gasta muito tempo, mas geralmente no modo de resolução de problemas. Olhar para esta

CAPÍTULO 14. HORA DE NEGÓCIOS 1 – ENCONTRAR O SEU ENFOQUE NOS NEGÓCIOS

unidade de uma forma pró-activa irá, muitas vezes, conduzir a descobertas lucrativas sobre novos produtos, serviços, oportunidades de produção ou opções de prestação de serviços. A sua responsabilidade consiste em procurar, nestas áreas, formas de aumentar a rentabilidade. Avalie os processos, os colaboradores, os instrumentos de trabalho e as melhores práticas para descobrir melhorias graduais.

Recursos humanos

É um cliché, mas é verdade: o bem mais valioso da sua empresa são os seus colaboradores. O que nunca ouve é que os seus colaboradores podem ser o bem mais caro, se forem os colaboradores errados.

A razão pela qual esta área é tão negligenciada é que, geralmente, não é compreendida pela gestão ou pelo CEO. O processo é evitado e ignorado, contratando alguém para lidar com ele e deixando esse colaborador sozinho.

Quase todos os gestores que estão envolvidos na contratação de pessoal deviam fazer uma formação pormenorizada sobre entrevistas. Quase sempre se tomam decisões de contratação com base nos motivos errados, porque não se possuem as competências necessárias para avaliar adequadamente um colaborador. É importante que os candidatos percorram um processo específico que recolhe informação, os desafia formal e informalmente, testa o seu conhecimento e as suas competências, e avalia a sua personalidade. Sem este tipo de processo, diminui as hipóteses de contratar os melhores colaboradores.

Uma outra área de enfoque nos recursos humanos é a criação de descrições de funções eficazes e funcionais, que definam claramente as expectativas da posição. Quando as descrições de funções eficazes e funcionais se combinam com a criação de um modelo de colaborador – ou seja, identificação das competências

133

O PODER DE UMA HORA

mais valiosas nos seus colaboradores de topo em cada posição – cria uma solução importante para a contratação.

Já que esta é uma área tão potencialmente valiosa e tão importante de se avaliar, poderá querer colocar os recursos humanos no topo da sua lista de prioridades de investimento de uma hora.

Perguntas importantes para encontrar o enfoque nos negócios

- Se tivesse tempo e recursos ilimitados, qual seria a área do meu negócio em que me concentraria?
- O que é que isso traria ao negócio?
- Que áreas da empresa precisam de atenção imediata?
- Que áreas da empresa exigem a minha perspicácia e o meu enfoque para as fazer avançar?
- Quando foi a última vez que pedi formalmente aos meus gestores e colaboradores ideias para melhorias?
- Quem são os colaboradores altamente eficazes da minha empresa e que devem ser apresentados como exemplos?
- Quem são os colaboradores altamente ineficientes da empresa?
- Qual foi o último projecto que identifiquei e avaliei pró- -activamente, que criou mudança ou melhorias e que não foi como um "fogo" que tive de apagar?
- Onde quero que esteja o meu negócio daqui a um ano? Daqui a cinco anos? Daqui a dez anos? Em que é que estou a trabalhar actualmente que esteja a preparar o negócio para concretizar esses objectivos?

134

CAPÍTULO **14**. HORA DE NEGÓCIOS 1 – ENCONTRAR O SEU ENFOQUE NOS NEGÓCIOS

Abra os olhos

Passar uma hora por semana, durante apenas algumas semanas, a analisar o que está a acontecer na sua empresa irá dar-lhe perspectivas que provavelmente já não tem há anos. Enquanto empresários e gestores, passamos demasiado tempo concentrados nas actividades do dia-a-dia e não conseguimos ver tudo o que está realmente a acontecer. Observe o seu negócio com os olhos bem abertos. Quando vou a uma empresa, tenho a capacidade de criar mudanças drásticas porque vejo a empresa como ela é e não como acho que ela é ou como gostaria que fosse.

Para desenvolver uma visão abrangente, passe algum tempo a questionar coisas, mesmo aquelas que acha que compreende. Pergunte aos outros por que é que estão a fazer aquilo que estão a fazer; ponha-os a explicar-lhe o processo. Uma outra boa técnica consiste em ir a outra empresa e avaliá-la durante uma hora. Já fiz isso no passado com parceiros de negócios. Peço-lhes simplesmente que venham ao meu escritório e que façam perguntas à minha equipa. Ponho-os a observar os meus processos e as minhas operações quotidianas. Faço o mesmo por eles e depois sentamo-nos e discutimos o que descobrimos. Os resultados têm sido muito positivos.

Certifique-se de que, quando fizer perguntas e procurar *feedback* dos seus colaboradores, ouve ponderadamente e não julga nem critica as suas respostas. Não os deixe com a sensação de que tudo o que lhe disserem irá acontecer, mas também não seja defensivo. É importante que a sua equipa se sinta à vontade para lhe dar *feedback* honesto e esclarecedor quando o pede. Conter-se pode ser a coisa mais difícil de fazer, mas irá compensar.

Observar o seu negócio com os olhos bem abertos é uma experiência que, assim que a fizer pela primeira vez, irá querer repetir com frequência.

135

Avalie a sua melhoria

Assim que começar a encontrar o seu enfoque nos negócios, é importante concentrar-se em fazer melhorias consistentes. Focalize-se numa área durante as semanas que forem necessárias antes de avançar para a próxima. Certifique-se de que optimizou um processo antes de avançar para o próximo. Avalie o ponto de partida do seu esforço e mantenha-se a par do seu progresso. Uma das melhores formas de se manter a par é observar as melhorias que está a fazer. Não se esqueça que é igual a qualquer outro ser humano; somos todos recompensados por aquilo que concretizamos e todos temos mais probabilidades de continuar a fazer as coisas em que sentimos que estamos a progredir.

O poder de encontrar o seu enfoque nos negócios

Ao seguir este processo, ficará mais consciente do seu negócio e das suas oportunidades. À medida que olha cada vez mais de perto para o seu negócio, começa a perceber mais detalhes. Depois, quando se afasta e observa o quadro geral, irá reparar como todos os pequenos pormenores funcionam juntos e irá poder ver imediatamente em que processos maiores é que é preciso trabalhar.

Não se esqueça que não há qualquer razão para que tenha de criar sozinho todas as soluções. A sua hora poderá ser passada de forma mais positiva a focalizar-se nas acções dos outros, para avançar com o seu negócio para uma posição melhor. A sua hora está apenas focalizada na identificação e na idealização de soluções.

136

CAPÍTULO 14. HORA DE NEGÓCIOS 1 – ENCONTRAR O SEU ENFOQUE NOS NEGÓCIOS

Plano de acção de uma hora

O que é que quero conquistar especificamente?

Encontrar o meu enfoque nos negócios.

O que é que vou fazer especificamente para identificar a primeira área de enfoque?

- Identificar possíveis áreas de enfoque e ordená-las por prioridade de acordo com o seu impacto na rentabilidade e eficiência.
- Avaliar a informação recolhida com as perguntas anteriores e estudar as respostas, para compreender totalmente por que é que está a empreender esta acção e o que tem de fazer para ser bem sucedido.
- Listar os passos específicos necessários para alcançar os resultados desejados.
- Atribuir prazos a cada passo.
- Apontar quem vai estar envolvido ou ser responsável por cada passo, se outros estiverem envolvidos.
- Atribuir e agendar tempo para que este plano de acção e passos a ele associados sejam implementados.
- Como irá definir o sucesso, para que saiba que o conquistou?
- Qual é a acção que pode tomar neste preciso momento para iniciar este plano de acção?

Capítulo 15

Hora de Negócios 2 – Gestão do tempo

A esta altura da sua vida já leu, sem dúvida, livros sobre gestão do tempo. Provavelmente também já tentou uma série de diferentes instrumentos de gestão do tempo e descobriu que uns são eficazes e outros pura e simplesmente não funcionam. É altura de, de uma vez por todas, ter controlo sobre o seu tempo.

Esta é a realidade que todos enfrentamos. Quase todos os livros sobre gestão do tempo foram escritos antes da explosão de informação dos últimos dez anos. Recentemente, ouvi uma estatística que diz que agora recebemos mais informação diariamente do que aquela que os nossos bisavós recebiam num ano, na viragem do século XX. Com toda esta informação a interromper-nos ao longo do dia, tornarmo-nos focalizados, consistentes e metódicos é a única forma de termos sucesso na gestão do tempo.

A disciplina da gestão do tempo

A gestão do tempo tem mais que ver com ser-se disciplinado e não tanto com a gestão de minutos. Ter vontade e focalização para fazer as mesmas coisas todos os dias de forma a ser-se produtivo é uma das competências mais importantes que pode desenvolver. Mas, como qualquer nova competência, esta requer enfoque e determinação para ter sucesso.

Peço a todos com quem trabalho que façam este exercício uma semana antes de se lançarem numa grande transformação de gestão

139

O PODER DE UMA HORA

do tempo. Mantenha a sua agenda como faz normalmente; marque os seus compromissos e o seu tempo. De seguida, mantenha à parte uma agenda em papel, onde pode seguir o seu tempo em sucessões de 15 minutos. Cuide dos seus assuntos diários como faz normalmente, mas mantenha a agenda em papel consigo. Se, por qualquer razão, for interrompido ou se desviar das tarefas da sua agenda principal, mesmo que por um minuto, anote a hora da interrupção, a quantidade de tempo investido e qual foi a causa da interrupção. Uma interrupção é definida como qualquer coisa que não está marcada na sua agenda. Se atender uma chamada telefónica, anote a hora em que a iniciou e terminou. Se alguém entrar no seu escritório e falar consigo, anote isso. Se estiver a tentar fazer duas coisas ao mesmo tempo, e uma delas não estiver agendada, anote-a. Se verificar o correio electrónico ou navegar na Internet, anote-o. Anote as suas interrupções à medida que aparecerem; assim que se distrair ou for interrompido, anote a hora de início. Assim que voltar à sua tarefa, anote a hora em que terminou a distracção.

No final de cada dia de trabalho, antes de ir para casa, estude cada evento anotado e atribua-lhe um número:

1. Urgente, a interrupção não pôde ser evitada.
2. Importante, precisava de ocorrer no espaço de uma hora.
3. Moderada, poderia ter sido remarcada para até quatro horas depois.
4. Baixa, poderia ter sido remarcada para até oito horas depois ou para o dia seguinte.
5. Destruidor de tempo, não precisava de ser feito, mas mesmo assim teve a sua atenção.

A seguir a cada número, anote uma destas duas designações:

E – Eu tinha de realizar esta tarefa.
D – Delegar – Esta tarefa poderia ter sido delegada.

140

Este é um exercício de *feedback* e percepção e o início da sua autodisciplina para o sucesso na gestão do tempo.

Lembra-se que lhe disse há pouco que a gestão do tempo não tem muito a ver com a gestão de minutos, mas mais com a gestão de si mesmo? Este é o primeiro passo na criação de disciplina. O que acontece ao realizar este exercício durante uma semana é que começa mentalmente a categorizar as interrupções. Quando tem uma interrupção, atribui-lhe rapidamente um número entre um e cinco e determina o que fazer.

Aqui está outra forma de olhar para os números e de lidar com cada um.

1. *Urgente.* Actue, faça o que for necessário da forma mais eficaz possível. Passe para outro dia um número equivalente de coisas menos importantes na sua agenda para que possa ainda realizar as tarefas mais importantes do dia.

2. *Importante.* Complete tanto quanto possível a tarefa em mãos, estabeleça prioridades sobre o que tem de acontecer a seguir e, de seguida, resolva a interrupção.

3. *Moderada.* Adapte a sua agenda para encaixar a interrupção dentro das próximas quatro horas. Na altura apropriada, realize acções focalizadas. Assim que a interrupção for agendada, volte ao seu enfoque inicial.

4. *Baixa.* Agende-a para a altura apropriada no futuro e regresse à tarefa.

5. *Destruidor de tempo.* Não actue, mantenha o seu enfoque na tarefa; se a interrupção for algo que queira mesmo tratar mais tarde, agende-a para uma altura em que esteja livre.

Destruidores de tempo

Ninguém é perfeito a gerir todas as interrupções todos os dias, mas pode chegar lá muito perto. Disciplina significa ser capaz

O PODER DE UMA HORA

e estar disposto a fazer o que outros não fazem, mesmo que na altura preferisse não o fazer.

Aqui está uma lista dos acontecimentos mais frequentes que destroem o tempo e pelos quais passamos todos os dias:

- Correio electrónico pouco importante
- Navegar na Internet
- Conversas de café
- Intervalos longos
- Televisão e rádio (Os anúncios estão elaborados de forma a distraí-lo e a fazer com que os oiça.)
- Telemóveis
- Visitas que aparecem no escritório
- Realizar actividades não agendadas só porque se lembrou delas e são mais interessantes do que aquilo em que estava a trabalhar
- Conversas telefónicas com a família ou com amigos que não estão relacionados com o seu trabalho

Escreva alguns dos seus destruidores de tempo favoritos durante o dia de trabalho. Quanto mais consciente estiver do que faz com o seu tempo, mais será capaz de o controlar.

O valor do seu tempo

Sei que provavelmente realizou o exercício que lhe permite determinar o valor do seu tempo. Divide o seu salário anual por 2.080 (o número de horas numa semana de 40 horas num ano) e obtém o valor de cada hora. Isso é muitas vezes utilizado para lhe demonstrar que só deveria estar a fazer coisas que valem o investimento do seu tempo. Também existe uma forte sugestão para que, se custar menos pagar a alguém para fazer uma actividade do que aquilo que vale o seu tempo, o deva contratar. Por

142

Capítulo 15. Hora de Negócios 2 – Gestão do tempo

exemplo, se pode pagar a alguém 25 dólares para cortar a relva, que lhe leva uma hora e meia a fazer e o seu tempo vale 40 dólares por hora, então deverá pagar para que o façam por si.

O que estes cálculos nunca têm em consideração é se possui ou não uma posição financeira que lhe permita pagar a outro para fazer as coisas que não precisa ou não quer fazer. Também não têm em consideração se está ou não disposto a fazer esse tipo de avaliação sobre o seu tempo. Tem de ser honesto; muitos de nós não pagaríamos a alguém para nos ir buscar a roupa à lavandaria, mesmo que isso fosse a coisa mais inteligente a fazer.

O seu tempo tem valor para além dos dólares que ganha por tornar a sua vida mais fácil de lidar. Não se pode pagar a alguém para ter a experiência de ver o seu filho brincar ou ir de férias com o seu cônjuge. Apenas o leitor pode viver estes prazeres. Por isso, quando olhar para o valor do seu tempo, a melhor forma de o avaliar é comparando-o com aquilo por que está a trocar o tempo que está a usar neste momento. Se deixar de receber visitas que aparecem no seu escritório e, por isso, conseguir chegar a tempo ao recital do seu filho sem se sentir culpado, então criou um grande valor. Muitas vezes, ao avaliar o seu tempo em termos do que está a perder por não gerir activamente o seu tempo de trabalho, descobre que há razões mais convincentes do que o dinheiro que devem ser tidas em consideração.

Conselhos de um sargento

Dennis Stockwell é primeiro-sargento do exército norte-americano; ele é também um antigo instrutor militar. Como instrutor militar, Dennis controlou todos os momentos do tempo dos novos recrutas. Eles não tinham de se preocupar com o seu tempo; todas as decisões eram tomadas por outros. Agora, como superintendente sénior das forças armadas, o primeiro-sargento Stockwell tem uma necessidade muito diferente de controlo de tempo e ensina aos seus subordinados lições importantes.

143

O PODER DE UMA HORA

Perguntei ao primeiro-sargento Stockwell qual foi a maior lição que aprendeu no exército sobre o tempo e ele disse-me que foi "o quanto, exactamente, é que se consegue fazer em dez minutos". Disse que, embora as forças armadas sejam ainda famosas pela sua atitude "despacha-te e espera", quando chega a altura de fazer as coisas muito pode ser realizado num curto espaço de tempo com o enfoque certo. "Digo à minha equipa para dividir as actividades em bolas de vidro e bolas de borracha. Só se consegue manter no ar um certo número de bolas ao mesmo tempo. Se uma bola de vidro cair, não se tem uma segunda hipótese. Se uma bola de borracha cair, ela salta e pode voltar-se a colocá-la em jogo. Focalize-se na gestão das bolas de vidro e deixe as bolas de borracha saltar; não são tão importantes. Coloque-as novamente no ar na altura adequada."

Uma outra observação interessante do primeiro-sargento Stockwell foi a sua ideia de tocar nas coisas uma única vez. "Quando observo os soldados a trabalhar, eles muitas vezes mudam uma coisa de um lugar para outro e depois têm de a mudar novamente porque não tentaram de início descobrir onde é que pertencia. Era um esforço em vão. Por isso, comecei a treinar toda a minha equipa para tocar apenas uma vez nas coisas. Recolhem toda a informação de que precisam para realizar a tarefa totalmente à primeira e depois completam-na. Desperdiça--se demasiado tempo a realizar esforços para fazer uma coisa pela metade e depois a recriar o impulso para a terminar. Tocar nas coisas uma só vez poupa imenso tempo."

OUTRAS DICAS DE DENNIS STOCKWELL SOBRE O TEMPO

- Agende tarefas esperadas, como verificar o correio electrónico ou fazer chamadas telefónicas, para alturas específicas em cada dia.

CAPÍTULO 15. HORA DE NEGÓCIOS 2 – GESTÃO DO TEMPO

- Lembre-se que o correio electrónico é um instrumento, não é uma emergência. A maioria não tem de verificar o seu correio electrónico de três em três ou de quatro em quatro minutos.
- Certifique-se de que compreende as prioridades do seu superior. Saiba o que tem de ser realizado e quando, para que possa gerir eficazmente o seu tempo.
- Muitos esperam até à última hora para realizarem uma tarefa que não lhes é familiar; mantêm-se afastados do confronto até que este não possa mais ser adiado. Planifique e estabeleça prioridades antecipadamente, para que possa obter a informação ou a ajuda de que precisa para completar uma tarefa.
- Se é gestor, gira o seu tempo e estabeleça prioridades adequadamente usando ADP, orientação e marcos de desenvolvimento. ADP são Análises de Progresso; analise regularmente o progresso você mesmo e com a sua equipa, para ter o máximo de sucesso. Dê orientação frequente à sua equipa ou a outros de quem obtém ajuda. Estabeleça marcos de desenvolvimento para que possa medir o progresso e restabelecer prioridades ou redistribuir recursos quando necessário.
- Crie sistemas sempre que possível para tornar as tarefas de rotina mais rápidas e eficientes. Os sistemas são a razão pela qual o exército consegue movimentar quantidades enormes de tropas, equipamento e recursos para qualquer parte do mundo, num curto espaço de tempo. Os sistemas estão estabelecidos e têm sido praticados repetidamente para que, quando forem necessários, desempenhem a sua função.
- Utilize um sistema de calendarização, seja um PDA, BlackBerry, Franklin Planner ou uma agenda em papel; crie um sistema de gestão do tempo que lhe permita manter-se no bom caminho.
- Seja implacável no controlo do seu tempo.

O segredo da gestão do tempo

O segredo da gestão do tempo está na acção realizada durante o tempo passado num projecto. Esteja focalizado no seu esforço. Ataque sempre a sua tarefa com paixão e decida dedicar-lhe cem por cento do seu esforço. Se deixar a sua focalização vacilar, nem que seja por um momento apenas, irá destruir o impulso. Criar impulso dá mais trabalho do que mantê-lo.

Gerir o seu tempo

Volte ao exercício que fizemos há pouco, no qual escreveu quanto tempo gasta em tarefas e o comparou à sua verdadeira agenda. Controle as tarefas identificadas com "cincos" e livre-se do máximo possível de destruidores de tempo. Avalie rigorosamente as tarefas identificadas com "quatros"; têm mesmo de ser feitos e por si? Olhe de perto para as tarefas identificadas com "três"; são mesmo três ou são quatros? Examine os uns e os dois; eles levaram mais ou menos tempo do que aquele que agendou? Esteja consciente da sua capacidade para estimar o seu tempo e tornar-se-á mais eficiente ao investi-lo. Por fim, olhe para a lista E e D. Delegue imediatamente tudo o que puder a outro elemento da sua equipa. Estabeleça a expectativa do que é que tem de acontecer e deixe o trabalho passar para outra pessoa.

Todos temos o mesmo número de minutos por dia; depende de si o quanto vai obter de cada um. Ao ser implacável na eliminação de interrupções, sistemático na gestão do tempo e disciplinado na aplicação do processo, irá concretizar muito mais em cada hora de cada semana do que aquilo que alguma pensou ser possível.

CAPÍTULO 15. HORA DE NEGÓCIOS 2 – GESTÃO DO TEMPO

Plano de acção de uma hora

O que é que quero conquistar especificamente?

Assumir o controlo do meu tempo.

O que é que vou fazer especificamente para gerir o meu tempo?

- Realizar o exercício de gestão do tempo durante uma semana e seguir o tempo agendado em comparação com o verdadeiro uso do seu tempo ao longo do dia.
- Avaliar a informação recolhida com as perguntas anteriores e estudar as respostas, para compreender totalmente por que é que está a empreender esta acção e o que tem de fazer para ser bem sucedido.
- Listar os passos específicos necessários para alcançar os resultados desejados.
- Atribuir prazos a cada passo.
- Apontar quem vai estar envolvido ou ser responsável por cada passo, se outros estiverem envolvidos.
- Atribuir e agendar tempo para que este plano de acção e passos a ele associados sejam implementados.
- Como irá definir o sucesso, para que saiba que o conquistou?
- Qual é a acção que pode tomar neste preciso momento para iniciar este plano de acção?

CAPÍTULO 16

HORA DE NEGÓCIOS 3 – GESTÃO

Gerir é um dos requisitos mais importantes de um empresário e um dos últimos a receber atenção. É fácil pôr de lado a gestão em si e focalizar-se noutros assuntos. A realidade é que, se passar tempo focalizado na gestão de pessoas, terá de lidar com menos assuntos que necessitam da sua atenção para serem corrigidos.

Não confunda a gestão de pessoas com a gestão de processos ou projectos; não são a mesma coisa. No passado, planear, organizar, liderar e controlar eram as tarefas mais importantes que um gestor poderia empreender. Hoje as coisas são muito mais complexas. Para além dessas competências essenciais, tem de se focalizar para se certificar de que aqueles que respondem a si compreendem bem a sua visão, as suas expectativas de implementação e os resultados que deseja. Também tem de os capacitar e lhes fornecer estrutura e apoio enquanto cria uma cultura empresarial enérgica. Destes, criar uma cultura apropriada para que os outros prosperem é o que vai produzir resultados maiores e mais visíveis.

A gestão consiste em criar uma visão, estabelecer expectativas e criar um ambiente para o sucesso. O mais importante que pode fazer é ter uma mensagem clara com marcos de desenvolvimento mensuráveis que todos compreendam e para a qual trabalhem. Criar um ambiente para o sucesso significa dar instruções claras, estabelecer as expectativas adequadas e responsabilizar cada um pelos resultados. Tem de lhes proporcionar o apoio e a estrutura de que precisam para concretizar o objectivo.

149

O PODER DE UMA HORA

Criar e articular a sua visão

A sua empresa não consegue ir para onde o líder não a conduz. Para que a empresa cresça, tem de liderar o caminho dos seus colaboradores para o objectivo que quer que eles o ajudem a concretizar. Saber qual é o seu verdadeiro objectivo é a única forma de conseguir liderar e gerir eficazmente.

Objectivos gerais como "ser rentável" pura e simplesmente não funcionam; são demasiado indefinidos para poderem ter sucesso. Tem primeiro de decidir claramente onde é que quer que o negócio cresça ao longo do próximo mês, ano, cinco anos, dez anos, 20 anos e depois. Tem também de perceber como é que concretizar cada objectivo o irá ajudar no próximo objectivo a longo prazo. Cada objectivo concretizado deve funcionar como uma plataforma para os objectivos que estão para vir.

Ao definir o seu negócio, faça a si mesmo as seguintes perguntas:

- Qual é o meu objectivo final para a empresa?
- O que é importante acerca desse objectivo?
- O que é que irá acontecer se eu não concretizar esse objectivo (se a resposta for nada, definiu o objectivo errado).
- Por que é que estou a construir esta empresa? (Eu sou seriamente a favor dos que dizem que a única razão para construir uma empresa é para a vender, porque não a pode gerir para sempre.)
- Que esforço e acção é que irão ser necessários para concretizar este objectivo?
- Que compromisso é que preciso da minha equipa para concretizar este objectivo?
- Como é que vou saber quando este objectivo for concretizado?
- O que têm a ganhar todos os que estão a apoiar este objectivo comigo?

150

CAPÍTULO 16. HORA DE NEGÓCIOS 3 – GESTÃO

- Qual é o ponto de apoio deste objectivo para o qual posso sempre remeter os outros quando saírem do bom caminho, se sentirem frustrados ou confusos?
- Quais são os termos mais simples que posso utilizar para comunicar o meu objectivo e inspirar a acção?
- O que posso fazer para criar um ambiente constantemente preparado para o sucesso?

Apresento aqui o único objectivo que tenho para a minha empresa: *Bold Approach*. Giro para este objectivo todos os dias e certifico-me de que a minha equipa sabe exactamente o que é que tem de fazer para me ajudar a concretizar este objectivo.

O OBJECTIVO DA BOLD APPROACH

Vamos imaginar que temos um negócio reconhecido que oferece serviços de consultoria para empresas com receitas entre um e cem milhões de dólares. Vamos criar uma nova categoria através da qual toda a futura concorrência será avaliada. Essa nova categoria chama-se "Businnes Acceleration Strategy"*. Quando empresas não cotadas em bolsa de uma das nossas três áreas de focalização necessitarem de ajuda, apenas terão uma escolha presente na sua mente a qualquer altura e essa escolha é a Bold Approach. As nossas três áreas de focalização são:

1. Empresas que adicionaram recentemente um novo produto ou uma nova divisão que necessita de uma rápida aceitação dos consumidores.
2. Empresas que alcançaram uma estabilidade de vendas, apesar de o seu mercado se continuar a expandir à sua volta.

---

* N.T. "Estratégia de Aceleração de Empresas".

O PODER DE UMA HORA

O OBJECTIVO DA BOLD APPROACH (continuação)

3. Empresas que se encontram em transformação e precisam de criar uma rápida geração de receitas.

A finalidade da nossa empresa é desenvolver um processo sistemático, estratégias detalhadas e tácticas que possam ser aplicadas a qualquer uma das nossas áreas de focalização com ajuste individual mínimo, para alcançar resultados rápidos e rentáveis para o cliente e para a Bold Approach, Inc. O resultado desta sistematização será o desenvolvimento da Bold Approach numa empresa que possa ser vendida pelo valor de topo de mercado dentro de dez anos.

A qualquer altura, posso voltar a olhar para a visão sozinho, com gestores ou com toda a organização e fazer as perguntas que se seguem para ver se estamos no bom caminho.

- Estamos a atingir os nossos clientes identificados?
- Estamos a criar soluções sistematizadas que têm aplicabilidade em todos os nossos clientes?
- Os projectos em que estamos a trabalhar estão a aproximar-nos do objectivo de desenvolvimento de uma empresa que possa ser vendida com lucro dentro de dez anos?
- Tendo por base a nossa visão, deveríamos estar a trabalhar nos projectos em que estamos actualmente a trabalhar?
- Temos as pessoas certas para concretizar os nossos objectivos?
- Temos a cultura organizada que apoia a visão?
- A nossa visão é ainda a visão correcta?
- Estamos a conquistar o sucesso?

Ao avaliar constantemente em relação à visão da gestão, é fácil manter-se no bom caminho e realizar o trabalho.

152

CAPÍTULO 16. HORA DE NEGÓCIOS 3 – GESTÃO

Criar a sua cultura empresarial

De todas as tarefas de gestão em que pode despender tempo, criar uma cultura tem de estar muito perto do topo da lista. Todas as organizações têm uma cultura, boa ou má. Todas as organizações lucrativas em rápida expansão têm uma cultura próspera que parece ter vida própria, mas que é na realidade uma criação cuidadosa de uma gestão focalizada.

A sua cultura é a parte viva da sua organização que dá ao seu negócio uma energia palpável. É a soma de todas as acções e convicções que espera transferir para a entidade. Quando realizada correctamente, desenvolve uma vida própria e desenvolve-se numa parte integral de quem você é. Realizada correctamente, deixa a sua organização e introduz-se nos seus clientes, fazendo com que estes acreditem fervorosamente em si, nos seus produtos e na sua cultura. Algumas das culturas mais visíveis que alcançaram este nível de sucesso são: a Apple, a Harley-Davidson, a Starbucks, a Google e a Saturn.

Existem literalmente mais dezenas de exemplos excepcionais que fazem parte da nossa interacção e do nosso léxico quotidiano. Há muitas pequenas e médias empresas que criam este tipo de entusiasmo todos os dias. São empresas de nicho de mercado onde os colaboradores adoram trabalhar e os clientes adoram comprar. O seu objectivo devia ser tornar o seu negócio numa delas.

Criar uma cultura espectacular na sua organização não é tão difícil como parece. É uma questão de implementar algumas ideias fortes e de apoiar os colaboradores na sua adaptação.

Para começar a criar uma cultura forte, avalie a que existe hoje. Procure áreas em que falta inovação, motivação e entusiasmo. Geralmente não é uma questão de colaboradores que causa estes problemas; é a falta de gestão e de enfoque certos.

O PODER DE UMA HORA

Capacite os colaboradores

Os colaboradores capacitados são o elo de ligação das culturas fortes e das empresas fortes. Delegar poderes aos colaboradores não significa deixá-los tomar qualquer decisão; significa estabelecer uma estrutura para que conheçam que decisões podem tomar, as suas expectativas sobre as decisões deles e o seu apoio. Quando tomam más decisões, significa rever o processo de tomada de decisão deles e ajudá-los a compreender o impacto daquilo que decidiram. Ajudá-los a compreender onde é que a decisão correu mal, as ramificações da decisão e como desenvolver um processo para tomar melhores decisões no futuro. O passo final é permitir-lhes que avancem com as suas capacidades de tomada de decisão.

Delegar poderes significa confiar nos colaboradores qualificados para realizar o seu trabalho, enquanto seguem os marcos de desenvolvimento. A delegação de poderes é o oposto da microgestão. Ao focalizar, comunicar as expectativas, estabelecer marcos de desenvolvimento e depois verificá-los, dá aos outros liberdade para realizarem o trabalho. O trabalho não tem necessariamente de ser realizado como o faz, tem apenas de ser realizado correcta, eficiente e atempadamente. Lembre-se, o seu enfoque deve ser a gestão do negócio e não a gestão de processos individuais. Aqueles que trabalham para si querem sentir que estão a contribuir para o seu sucesso e para o sucesso da empresa. Querem saber que a contribuição deles tem significado e que irá criar uma situação de trabalho que é boa para eles.

Motivação e reconhecimento

Uma das técnicas que coloco todos os meus clientes a aplicar é o *feedback* dos colaboradores. Fazemos um questionário para

154

CAPÍTULO 16. HORA DE NEGÓCIOS 3 – GESTÃO

os seus colaboradores e pomo-los a avaliar os seus gestores e o CEO. Também pomos os gestores a avaliar o CEO. É muito interessante ver o que surge relativamente à falta de competências ou à percepção de uma falta de enfoque. Quase sempre, os colaboradores têm razão.

O problema que vejo muitas vezes, particularmente em empresas que não se focalizam activamente na sua cultura, é a falta de reconhecimento. O reconhecimento está intimamente ligado à motivação; aqueles que são reconhecidos sentem-se motivados a fazer mais. Querem participar para ter mais reconhecimento. A maioria dos gestores não são bons nesta área, porque não sentem pessoalmente que precisam ou querem reconhecimento. O resultado é que os gestores não reconhecem regularmente os colaboradores que precisam do seu reconhecimento.

A melhor forma de reconhecer os outros é fazê-lo pessoalmente. Passear pela organização e elogiar os colaboradores pelo seu sucesso ou concretizações irá fazer mais pela criação de uma cultura de sucesso que qualquer outra coisa que possa fazer. Se tem uma equipa de gestão a apoiá-lo, faça com que seja parte dos seus compromissos de gestão apontar, todas as semanas, os colaboradores que merecem reconhecimento. Não há melhor do que dizer pessoalmente o que pensa; mas se o outro estiver longe, envie-lhe um *e-mail* ou, melhor ainda, escreva-lhe uma carta ou um bilhete à mão e envie-lho por correio azul.

Continue a investir as suas horas a encontrar formas de melhorar a sua cultura. Ao focalizar-se no desenvolvimento de uma cultura interna, irá descobrir que os colaboradores seguem rapidamente o seu exemplo. Quando estes começam a seguir o seu exemplo, os seus clientes irão começar a reconhecer isso. O que eles irão notar primeiro é o entusiasmo que a sua equipa exibe. O que irão notar a seguir é a forte diferença em serviço e compromisso. O que irão perceber por último é que começam a compreender como é que podem levar mais daquilo que têm para as organizações deles.

155

O PODER DE UMA HORA

Delegue para o sucesso

A última área em que se deveria focalizar é na sua capacidade para delegar. Falei sobre isto no Capítulo 15, sobre gestão do tempo, mas é uma competência de gestão tão importante que tenho de a incluir neste capítulo.

A delegação é uma competência essencial que todos os gestores têm de desenvolver para conquistar sucesso. À medida que a sua responsabilidade aumenta, tem menos tempo para se focalizar nas tarefas do dia-a-dia. São muitas as vezes que já ouvi gestores que trabalham 18 horas por dia dizerem: "É mais fácil ser eu mesmo a fazer isto do que refazê-lo ou formar outra pessoa para o fazer."

A única maneira que tem para concretizar efectivamente o seu objectivo de fazer crescer e desenvolver um negócio é reduzir a dependência dos seus esforços para operações diárias. Faça esta pergunta: "O que é que aconteceria se fosse hospitalizado amanhã e não pudesse realizar estas tarefas importantes? Quem é que as faria? Quem mais na organização sabe fazer o que faço?"

É perigoso para a saúde a longo prazo da sua empresa que seja o único que sabe fazer o que tem de ser feito para que a empresa se mantenha em funcionamento. Será uma visão limitada contratar outros para o ajudar, mas presumir que eles não conseguem fazer o que tem de ser feito. Contrate os colaboradores certos, focalize-se em formá-los e comece a delegar. Se ficarem demasiado ocupados, então pode precisar de contratar mais alguém ou procurar quem é que, na organização, pode ser o próximo a ser formado e a quem delegar.

Perguntam-me sempre qual foi a melhor experiência de aprendizagem que tive no exército e acho que foram várias. Mas o que realmente se mantém na minha cabeça é a forma como a organização coloca uma tremenda responsabilidade e expectativas nos jovens. A razão pela qual os jovens conseguem realizar as tarefas atribuídas é porque sabem claramente quais são as

156

CAPÍTULO 16. HORA DE NEGÓCIOS 3 – GESTÃO

expectativas e estão capacitados para fazê-las. Todos os dias nas forças armadas, homens e mulheres com menos de 20 anos lidam com armas nucleares, gerem o controlo de tráfego aéreo, mantêm frotas de veículos a andar e gerem todos os recursos humanos de um dos maiores empregadores do mundo. Fazem-no eficaz, eficiente e correctamente, porque alguém lhes delegou a tarefa e espera que ela seja feita. Também vai conseguir fazer isso. Os seus colaboradores querem trabalhar para si, querem ajudá-lo, querem ter sucesso e esperam que lhes dê essa oportunidade. Dê-lhes a oportunidade; nunca se arrependerá de o ter feito.

Uma forma de reconhecer os outros é dando-lhes uma tarefa importante. A delegação também lhe dá tempo para trabalhar em assuntos que fazem melhor uso dele. Eis como delegar de uma forma simples e fácil:

1. *Determine quem é mais apropriado para realizar a tarefa.* Se está preocupado que os seus colaboradores estejam demasiado ocupados, lembre-se que, se é suficientemente importante para que a faça, é suficientemente importante para que substitua uma tarefa na lista de um colaborador. Assim que determinar quem é que pode realizar a tarefa, siga para o próximo passo.

2. *Explique a tarefa e as expectativas o mais detalhadamente possível.* Demonstre a expectativa do resto do negócio. Determine os critérios pelos quais a tarefa irá ser avaliada e os marcos de desenvolvimento pelos quais irá ser medida.

3. *Dê autoridade e apoio.* É fundamental dar àquele a quem está a delegar a tarefa a autoridade para a realizar. Também lhe tem de fornecer os recursos necessários para terminar a tarefa.

4. *Obtenha um* feedback *positivo de compreensão e compromisso.* É de extrema importância que obtenha *feedback* daquele a quem está a delegar. Ele tem de indicar a com-

157

O PODER DE UMA HORA

preensão das expectativas, dos requisitos da tarefa e a disposição para a completar. Não passe à frente deste passo; essa é a principal razão pela qual as tarefas delegadas não são cumpridas.

5. *Saia da frente.* Assim que tiver dado os quatro passos anteriores, afaste-se e deixe que a tarefa seja realizada. Se começar a gerir de forma apertada ou a olhar por cima do ombro do colaborador, não só lhe rouba a sensação de mérito e capacidade, como também está a desperdiçar o seu tempo e a reforçar uma expectativa errada. Também está a retirar a responsabilidade do colaborador pelo resultado.

Realize pequenas actividades todos os dias que melhorem a sua cultura empresarial. Qualquer esforço tem um efeito desproporcionalmente positivo e cumulativo para avançar. O seu enfoque em melhorar a gestão irá melhorar a sua empresa rápida, visível e lucrativamente.

158

CAPÍTULO 16. HORA DE NEGÓCIOS 3 – GESTÃO

Plano de acção de uma hora

O que é que quero conquistar especificamente?

Revitalizar a minha gestão.

O que é que vou fazer especificamente para identificar a primeira área de enfoque?

- Avaliar a cultura empresarial e desenvolver um plano para a melhorar.
- Criar ou reexaminar e melhorar a visão.
- Avaliar a informação recolhida com as perguntas anteriores e estudar as respostas, para compreender totalmente por que é que está a empreender esta acção e o que tem de fazer para ser bem sucedido.
- Listar os passos específicos necessários para alcançar os resultados desejados.
- Atribuir prazos a cada passo.
- Apontar quem vai estar envolvido ou ser responsável por cada passo, se outros estiverem envolvidos.
- Atribuir e agendar tempo para que este plano de acção e passos a ele associados sejam implementados.
- Como irá definir o sucesso, para que saiba que o conquistou?
- Qual é a acção que pode tomar neste preciso momento para iniciar este plano de acção?

159

CAPÍTULO 17

HORA DE NEGÓCIOS 4 – VENDAS E *MARKETING*

Já estive várias vezes envolvido em consultoria com empresas que estão a enfrentar problemas financeiros devido a alterações nos seus mercados. O que descubro quase sempre é que perderam o enfoque nas vendas e no *marketing*.

O enfoque perde-se frequentemente porque os gestores e empresários não percebem nada de vendas e *marketing*. Para muitos, isso é "magia negra"; algo que não é facilmente quantificável ou manejável. Olham para os resultados e acreditam que, se estão a crescer, então as vendas e o *marketing* devem estar a funcionar; e se os resultados estão a diminuir, consideram que alguma coisa tem de mudar. O problema com "alguma coisa tem de mudar" é que ninguém sabe realmente o que é que tem de mudar.

Ao passar uma hora de Focalização Intensiva na sua organização de vendas e *marketing*, será capaz de criar e renovar fontes de rendimento que irão levar o seu *marketing* a um novo nível. Não interessa se é um gestor de vendas e *marketing* ou um empresário; é da sua responsabilidade focalizar-se nesta equipa determinante durante uma hora e desenvolver um plano para a fazer avançar.

Eis algumas das coisas em que se deve focalizar:

- O que se alterou na paisagem competitiva da minha indústria nos últimos 12 meses?
- Que competências é que faltam aos meus colaboradores de vendas e *marketing* e que os tornariam mais eficazes?
- Que convicções, acerca da indústria ou da nossa empresa, é que têm as vendas e *marketing*, a linha da frente da minha empresa?

O PODER DE UMA HORA

- O que há de diferente nas equipas de vendas e *marketing* da minha concorrência comparadas com a minha equipa?
- Por que é que o meu colaborador de topo é melhor do que o meu colaborador mais fraco?
- Por que é que o meu colaborador mais fraco ainda está na equipa? (Esta é uma pergunta directa mas muito importante).
- Em que é que a minha equipa é melhor, e pior, do que as outras na indústria?
- Quem é o líder formal e quem é o líder informal da equipa e qual deles tem mais poder sobre as acções da equipa?
- Que mudanças que adiei têm de ser realizadas na organização de vendas e *marketing*?
- Qual é o factor mais importante em que me posso focalizar que irá ter maior impacto na equipa?

Ao completar esta série de perguntas, começa a ver o quadro global da actividade das suas equipas e pode começar a elaborar um Plano de Acção para a Concretização, que lhe permita estabelecer objectivos de mudança e crescimento.

Relativamente ao seu *marketing*, há muitas perguntas que têm de ser respondidas para gerar mudanças no mercado.

- Pelo que é que somos conhecidos?
- Pelo que é que queremos ser conhecidos?
- O que é que podemos dizer de nós próprios que a nossa concorrência não possa dizer de si mesma?
- Somos uma empresa focalizada no *marketing* ou focalizada no produto?
- Quando é que foi a última vez que consultámos os nossos clientes e o que é que estes disseram sobre nós?
- Se fizéssemos cortes financeiros, o *marketing* seria um dos primeiros a sofrer?

162

CAPÍTULO 17. HORA DE NEGÓCIOS 4 – VENDAS E *MARKETING*

- Quando é que foi a última vez que actualizámos as nossas mensagens de *marketing*?
- O que é que a concorrência diz de nós que é negativo, mas verdade?
- Consigo dizer honestamente, em menos de 30 segundos, o que é que nós fazemos e por que é que deveriam fazer negócios connosco?

Estas perguntas dão-lhe uma tremenda percepção da lógica de *marketing* actual. Se der por si a dizer coisas como "o *marketing* é um centro de custos" ou "se eu tivesse de fazer cortes financeiros, o *marketing* seria um dos primeiros sofrer," então tem um sério problema na sua abordagem.

O *marketing* é o "sangue" de todos os negócios. Se não está a dar uma razão para que os potenciais clientes o conheçam, se interessem por si e façam negócios consigo, o seu negócio irá fracassar, não há excepções.

Eis o que acontece a muitas empresas, especialmente as pequenas e médias. Não existe enfoque na avaliação dos resultados de *marketing*; segue-se a velha máxima: "Metade dos meus dólares de *marketing* são desperdiçados, só não sei qual metade." Isto é pura insanidade em qualquer negócio e a forma mais certa de assegurar o fracasso financeiro. Ao posicionar a sua empresa de forma a estar significativa e especificamente separada da sua concorrência, tem a oportunidade de ganhar e voltar a ganhar quota de mercado. Os clientes não estão a escrutinar as diferenças existentes entre si e a sua concorrência. Os clientes querem aquilo que lhes torna a vida mais fácil e que faz mais sentido para eles. Apenas uma pequena percentagem dos seus potenciais clientes investe tempo a comparar a oferta. Quando têm duas empresas e produtos semelhantes, os compradores optam por aquela com a qual têm mais experiência, que vem recomendada ou com a qual é mais conveniente fazer negócios.

163

Diferenciador único

Durante a sua Hora de Poder, analise o seu material de *marketing* e certifique-se de que a mensagem se diferencia de uma forma verdadeira e única. Tem de apresentar a mensagem de uma forma que a torne relevante para a audiência mais interessada no seu produto ou serviço.

É importante que se lembre que mais horas de atendimento, uma melhor selecção e colaboradores simpáticos e prestáveis não são diferenciadores. Quase todos podem dizer o mesmo das suas organizações. Se conseguir quantificar o que cada um destes significa, relativamente à sua concorrência, e quantificar o que significa para os seus potenciais clientes, então estes podem fazer parte da sua diferenciação. Se não conseguir, esqueça-os; não têm significado. Por exemplo, os grandes armazéns que vendem com sucesso mais de muitas pequenas empresas têm-no feito com esses ideais. Mas aquilo que universalmente lhes falta é uma equipa bem formada, motivada e comprometida. Esse é um diferenciador significativo se contar a história de uma forma interessante e relevante. Tem de conseguir ser diferente de uma forma que seja significativa e compreensível para os seus clientes e apenas para eles. Lembre-se, não está a vender serviços e produtos a todos; está focalizado naqueles clientes que já demonstraram algum interesse. Deixe de se preocupar com todos os que poderiam vir a ser seus clientes e focalize-se naqueles que deveriam ser seus clientes.

Estas são algumas das perguntas que pode colocar a si mesmo durante a sua hora de focalização que o irão ajudar a compreender qual é o seu diferenciador único:

- Quais são as coisas mais importantes que podemos fazer e que a nossa concorrência não pode? Como é que sabemos?

CAPÍTULO 17. HORA DE NEGÓCIOS 4 – VENDAS E *MARKETING*

- Qual é a razão mais importante, para além do serviço, pela qual os nossos clientes regressam?
- O que é que a nossa concorrência diz sobre si mesma que nós não dizemos sobre nós, mas que deveríamos dizer?
- Por que é que aquilo que fazemos é importante para o cliente?
- Quando têm acesso a um preço mais baixo, por que é que nos continuam a comprar?
- O que é que temos que poderia impressionar positivamente os potenciais clientes?
- O que é que damos como adquirido acerca do nosso produto ou serviço?
- Em específico, o que é que é excepcional no nosso serviço ao cliente? No nosso produto? Na nossa equipa? Na nossa localização? No nosso Modelo Empresarial?
- Os nossos clientes ficam surpreendidos por fazermos o quê? Por que é que ficam surpreendidos com isso?
- Quem são os nossos clientes mais importantes e conhecidos, e por que é que fazem negócio connosco em vez de escolherem a concorrência?
- Se pudesse mudar uma coisa para se tornar diferente de um modo único, o que é que mudaria?
- O que é que o impede de a mudar?
- O custo ou esforço de a mudar seria rapidamente compensado pelo aumento de negócios que criaria?

É fundamental que pense bem sobre as suas respostas. Não confie apenas no seu discernimento; peça também a opinião de outros. Pergunte aos seus clientes, à sua equipa, aos seus antigos clientes. Quando tiver uma boa ideia do que é verdadeira e singularmente diferente em si, comece a contar essa história e a avaliar o que acontece.

Publicidade

A publicidade é outra área de vendas e *marketing* que tem de ser avaliada para se certificar de que está a fazer o trabalho necessário para manter o seu negócio em crescimento. A sua publicidade é ou não é rentável. Desenvolver notoriedade de marca pode ser um bom resultado da publicidade, mas apenas se for rentável. Desenvolver uma marca não é suficiente por si só. A Pets.com foi umas das marcas mais conhecidas da era *dot.com* e até hoje as pessoas se lembram do seu símbolo devido à eficácia da repetição. A empresa não sobreviveu. Não se focalize no desenvolvimento da marca como o seu objectivo principal; focalize-se no desenvolvimento de uma marca que as pessoas precisem e na qual irão realmente gastar o seu dinheiro.

A experiência é frequentemente negligenciada em relação à publicidade. Se criar uma publicidade atractiva e a experiência dos clientes consigo for má, fica a perder.

Recomendo muitas vezes aos meus clientes (e eles detestam ouvi-lo) que limpem a loja e dêem formação à sua equipa de atendimento para atender o telefone de uma forma simpática e prestável (quero mesmo dizer atender e ajudar, e não passar as pessoas de máquina para máquina). Quando as organizações começam a trabalhar para criar uma experiência que os clientes apreciem, os lucros aumentam. Quem tem experiências positivas tem níveis mais elevados de confiança, paga mais pelo mesmo produto e permanece leal. Não está a comprar um produto, está a comprar uma experiência, uma expectativa e a sensação de confiança que vem com uma experiência positiva. Quando uma empresa cria a experiência certa, todas as outras expectativas de compra na sua categoria serão comparadas com ela. Se criar a experiência certa, a sua concorrência não será capaz de a recriar e os seus clientes não se sentirão confortáveis a comprar à sua concorrência. Certifique-se de que a sua experiência é uma extensão da sua publicidade. Crie a promessa de salvação de qualquer problema que os seus produtos ou serviços resolvam; depois dê-a aos clientes quando eles chegam.

Capítulo 17. Hora de Negócios 4 – Vendas e *Marketing*

Estas são as perguntas mais poderosas a fazer sobre a sua publicidade:

- A minha publicidade procura entreter ou apresentar factos que aproximem os clientes de uma decisão de compra?
- Todos os anúncios convidam à acção? (Pode desenvolver uma marca e pedir que comprem ao mesmo tempo.)
- Os seus anúncios são apresentados com frequência suficiente, de forma a chegar aos mesmos clientes as vezes necessárias para introduzir a mensagem na sua memória de longo prazo? Segundo Roy Williams, o *Wizard of Ads**, um anúncio tem de ser ouvido ou visto pela mesma pessoa pelo menos três vezes em sete noites, para passar da memória de curto prazo para a de longo prazo.
- Os seus anúncios parecem-se com qualquer outro anúncio na sua categoria?
- Depois de ver o seu anúncio, sabe exactamente o que deve fazer a seguir?
- O seu anúncio tem um título ou entrada forte, que atravessa a imaginação e as barreiras à publicidade dos seus potenciais clientes e os agarra pelos ouvidos ou pelos olhos e os convence a prestar atenção?
- A sua oferta é irresistível?
- A experiência dos seus clientes é nada menos do que impressionante?
- Está a fazer coisas pelos seus clientes que a concorrência nunca iria sequer imaginar?
- Está a contar essa história na sua publicidade?
- O seu anúncio conta uma história e desenvolve-se a partir de outras histórias que já contou?
- Avalia os resultados da sua publicidade?

---

* N.T. "Feiticeiro dos Anúncios". Referência a uma trilogia de livros deste autor sobre publicidade.

O PODER DE UMA HORA

Relações Públicas

Se não está a maximizar as suas actividades de relações públicas, está a perder uma das oportunidades mais rentáveis disponíveis para novos potenciais clientes. Quando são implementadas da forma certa, as relações públicas são uma "mina de ouro" para atrair novos clientes. Existe uma razão simples para que as relações públicas sejam tão eficazes. É o apoio de terceiros fornecido por uma fonte de confiança, num local onde se espera ficar a conhecer as últimas informações e ideias. Muito simplesmente, confia-se nas notícias e em quem as transmite.

Muitas empresas fazem um ou dois comunicados à imprensa por ano, sem pensarem no que isso poderia fazer por elas se quisessem contar uma história verdadeira. Também perdem a oportunidade que os comunicados à imprensa oferecem para criar um *tsunami* de tráfego na Internet que pode ser facilmente capitalizado.

A dura realidade das relações públicas é que os editores também são pessoas. São pressionados, trabalham em excesso, são curiosos, estão constantemente sob prazos e sempre a precisarem de novas histórias e de novas fontes. Se não obtêm essas novas histórias e fontes, têm de recorrer à actualização de histórias que já tinham ou ao uso das mesmas velhas fontes, porque são de confiança. Se souber isso, e se se aproveitar disso, não há qualquer razão para que não tenha publicadas todas as histórias que quiser.

Quando tinha uma loja de computadores, tinha uma relação muito boa com um editor local e dava-lhe pelo menos dez histórias e fontes novas por semana. A maior parte não eram histórias sobre computadores, mas histórias de negócios interessantes e persuasivas. Mais ou menos uma vez por semana, uma das histórias que tinha sugerido aparecia no jornal. Mais ou menos uma vez por mês, era citado nalgum artigo de negócios e era sempre identificado como o proprietário da loja de computadores local. Todos queriam fazer negócios comigo, porque sentiam que era

168

CAPÍTULO 17. HORA DE NEGÓCIOS 4 – VENDAS E *MARKETING*

conhecido e informado, dado que o meu nome estava sempre a aparecer no jornal. O meu negócio prosperou, porque soube como utilizar as relações públicas.

Coloque a si mesmo estas perguntas:

- Ultimamente, o que é que fizemos de interessante e que não dissemos aos meios de comunicação? Certifique-se de que não se esquece da contratação de novos colaboradores ou de novos contratos ganhos.
- Que histórias, actualmente nas notícias, é que podemos comentar ou às quais nos podemos ligar?
- Que informação exclusiva possuímos que possa interessar a um jornalista?
- Podemos escrever uma folha de dicas ou um relatório especial de conhecimento ao cliente, com sete a dez coisas que todos os consumidores deveriam saber antes de comprar produtos ou serviços da nossa categoria? Os meios de comunicação estão sempre à procura de dicas ou listas de verificação que possam usar no apoio às suas histórias.
- Estamos a distribuir os nossos comunicados através de recursos *on-line*, como *PRWEB.com*, para garantir que estamos a ser vistos *on-line* e que estamos a obter *links* valiosos para o nosso *site*?
- Temos uma estratégia *on-line* de relações públicas que permita ligar a nós as nossas palavras-chave mais importantes, para aumentar o número de visitantes do nosso *site*?
- O responsável das nossas relações públicas é adequado para o trabalho? Conhece todos os grandes jornalistas que cobrem a nossa indústria?
- Enviamos comunicados à imprensa sem algum contacto prévio com um jornalista?
- Damos seguimento ao contacto com os jornalistas para quem o comunicado foi enviado, para nos certificarmos de que eles o receberam?

O PODER DE UMA HORA

- Tratamos o nosso processo de relações públicas da mesma forma que tratamos o acompanhamento da nossa lista de potenciais clientes? (Se não o faz, deveria fazê-lo; dar seguimento pessoalmente ou pelo telefone é crucial para se ter cobertura com regularidade.)
- Temos uma relação pessoal com os 25 jornalistas de topo da nossa indústria ou que nos dão cobertura?
- Sabemos que tipo de cobertura dos meios de comunicação social é que nos dá mais resposta?
- Temos um plano para o que fazer com a cobertura que temos?

Se respondeu "não" a muitas destas perguntas, poderá descobrir que focalizar-se claramente na comunicação social durante uma hora irá resultar num enorme aumento da cobertura que recebe. Quase todos obtêm cobertura dos meios de comunicação social, se despenderem tempo na focalização e na criação de um motivo concreto para interessar a comunicação social.

Plano de acção de uma hora

Munido da sua nova informação, vamos transformá-la num plano de acção de uma hora, que possa usar para transformar a sua equipa.

O que é que vou conquistar especificamente?

Aumentar a produtividade e a rentabilidade da minha organização de vendas e *marketing*.

170

CAPÍTULO 17. HORA DE NEGÓCIOS 4 – VENDAS E MARKETING

O que é que vou fazer especificamente para aumentar a sua produtividade e a sua rentabilidade?

- Definir o que significa um aumento na produtividade e como o calcular.
- Definir qual o aumento que quer na rentabilidade, como será calculado e com que frequência.
- Avaliar a informação recolhida com as perguntas anteriores sobre as melhores oportunidades e implementá-las.
- Listar os passos específicos necessários para alcançar os resultados desejados.
- Atribuir prazos a cada passo.
- Apontar quem vai estar envolvido ou ser responsável por cada passo.
- Atribuir e agendar tempo para que este plano de acção e passos a ele associados sejam implementados.
- Como irá definir o sucesso, para que saiba que o conquistou?
- Qual é a acção que pode tomar neste preciso momento para iniciar este plano de acção?

Quando voltar a este capítulo novamente para fazer os exercícios, espero que encontre mais umas dezenas de perguntas importantes, tanto críticas como criativas. Se fizer regularmente a si mesmo mais e melhores perguntas sobre as suas oportunidades de vendas e *marketing*, irá contribuir para melhorar e encontrar vantagens competitivas muito antes de a sua concorrência começar sequer a acompanhá-lo.

171

CAPÍTULO 18

HORA DE NEGÓCIOS 5 – A EXPERIÊNCIA DO CLIENTE

No Capítulo 17 referi a experiência do cliente, que é tão importante que é necessário um capítulo inteiro para explicar melhor o seu processo. Quero que se focalize na experiência do cliente com tal intensidade, que alguém de fora que olhe para si diga que está obcecado. Na minha opinião, quando ficar obcecado com a sua experiência do cliente, estará perto de um avanço revolucionário que irá ligar os clientes a si para sempre. Cria um culto de seguidores que não lhe poderá ser retirado de forma alguma.

A razão para a experiência do cliente ser tão importante é simples. As empresas tentam copiar umas das outras tudo o que conseguem e, nalguns casos, isso é muito bom para a empresa e para o cliente. O problema é que, assim que as empresas da mesma categoria se começam a copiar umas às outras, tornam-se semelhantes em muitos aspectos. Quanto mais semelhantes se tornam as empresas, menos leais são os clientes, porque existe cada vez menos diferenças para se distinguirem. Veja as grandes lojas que vendem tecnologia. É muito difícil dizer se está numa CompUSA, Best Buy ou Circuit City. Na verdade, em muitos casos, se não tivessem a sua imagem e logotipos por todo o lado, teria dificuldade em distinguir as três. Se não as consegue distinguir, como é que podem alguma vez esperar que se torne um seguidor fiel? Já nem podem contar com o preço. A Wal-Mart consegue provavelmente superar qualquer uma delas e, se não conseguir, acaba com a fidelidade ao superar os preços da concorrência. Elas encorajam, na verdade, a que não se seja fiel e sim que se procure o melhor preço.

173

O PODER DE UMA HORA

Mas o problema vai muito mais longe. O que descrevi não é apenas o processo; é a experiência dos clientes quando entram na loja. Sabem que conseguem fazer um negócio melhor na loja da concorrência e usam essa informação para negociar um acordo melhor onde se encontram. Sabem que estão a obter informação básica que é válida em qualquer loja onde façam compras, por isso investigam antes de passarem pela porta. E, assim que entram pela porta de uma grande loja ou de uma grande super-fície (empresas de telemóveis como a Cingular são famosas por isso), são abordados por colaboradores que estão ansiosos por ajudar, até que começa a fazer demasiadas perguntas e, nessa altura, já só se querem ver livres de si.

Compare esta situação com a de empresas que se focalizem na criação de uma experiência do cliente sempre memorável. Os hotéis Westin são o exemplo perfeito. Quando vai a um Westin, sabe que irá ter um serviço impecável. Engraxar os sapatos é gratuito e alguém irá buscar os sapatos ao seu quarto e entregá--los depois de engraxados. Precisa de alguma coisa? Ligue para o serviço expresso e o seu pedido irá ser tratado. Acompanham-no com uma chamada para se certificarem que tudo corresponde às expectativas. Abrem-lhe a cama? Sim, todas as noites, deixando dois chocolates na sua almofada. Camas confortáveis? As suas camas de sonho são tão confortáveis que pode comprar uma através do catálogo da empresa. Já para não falar dos roupões em todos os quartos, um telefone sem fios e Internet também sem fios. Isto sim é uma experiência pela qual vale a pena pagar um pouco mais. Há muitos hotéis com quartos mais baratos que têm camas confortáveis e bom serviço, mas a experiência que tem no Westin é memorável. Compara todos os outros hotéis onde fica com a experiência que teve lá. Conta-a aos outros, não consegue evitar.

Daqui a pouco irei guiá-lo por uma série de perguntas que o irão ajudar a criar uma experiência do cliente única. Mas, antes disso quero fazer-lhe esta pergunta: É possível criar uma expe-riência na nossa organização que seja tão única, que os nossos

174

CAPÍTULO 18. HORA DE NEGÓCIOS 5 – A EXPERIÊNCIA DO CLIENTE

clientes estejam desejosos de a partilhar com outros? Quase todos os que estão a ler este livro deveriam poder responder "sim" mas, se ainda não pode, irá poder daqui a pouco.

O que é que se procura numa experiência e o que é que a pode tornar única? No seu negócio ou indústria em particular, há outras coisas bastante óbvias para si que os seus clientes querem, mas, de um ponto de vista macro, aqui está o que eles desejam:

- Que tomem conta deles.
- Ter informação precisa e prestável.
- Não ser pressionados, mas que lhes respondam às perguntas.
- Que lhes seja fornecida ajuda para tomar uma decisão apropriada.
- Ser tratados com um nível de serviço inesperado na sua categoria ou negócio.
- Ser surpreendidos com, pelo menos, uma ou duas coisas que tornem a experiência entusiasmante.
- Poder aceder a alguém que lhes consiga responder às perguntas rapidamente.
- Ser tratados com dignidade e respeito.
- Que os vendedores sejam genuinamente curiosos em relação às suas necessidades e desejos.
- Ser ouvidos.
- Ser reconfortados.
- Ser inspirados.
- Ser instruídos.
- Que lhes seja dado espaço quando o querem e ajuda assim que precisam.
- Ter a certeza de que estão a obter grande valor pelo seu dinheiro.
- Saber que o nível de serviço que receberam hoje será o mesmo da próxima vez que cá vierem, mesmo que voltem com um problema.
- Ser reconhecidos quando são um cliente habitual.

175

O PODER DE UMA HORA

- Sentir que têm algum relacionamento com aqueles com os quais estão a gastar o seu dinheiro.

Se aplicar esta simples lista de expectativas ao seu ambiente, irá aumentar as suas vendas e a sua rentabilidade de um dia para o outro. Seguem-se algumas estratégias que utilizei com empresas, grandes e pequenas, para aumentar imediatamente as suas vendas:

- Livre-se do atendimento automático de telefone e ponha alguém a atendê-lo.
- Limpe as casas de banho recorrendo a uma empresa de serviços profissionais.
- Faça com que todos comecem a usar uniformes, para que possam ser facilmente identificados no meio de multidões.
- Coloque uma recepcionista a cumprimentar quem entra e a perguntar o seu nome e, de seguida, a apresentá-lo a um vendedor.
- Dê a todos os que entrem pela porta uma garrafa de água fresca no Verão e uma chávena de chocolate quente no Inverno. Há uma empresa que oferece chocolates a todos os que lá entram.
- Exija que quem interage com o cliente quando este comunica um problema permaneça ao telefone até que o cliente seja transferido para alguém que possa resolver o seu problema; de seguida, faça com que a primeira pessoa ligue de volta ao cliente depois de a consulta ter terminado, para se assegurar de que o cliente foi bem servido. O passo final consiste em enviar um *e-mail* com a solução do problema, para que os clientes possam ter um registo de como resolver o problema se este voltar a ocorrer. O *e-mail* deverá conter informação sobre a solução em formato escrito ou uma gravação em MP3 da chamada que resolveu o problema.

176

CAPÍTULO 18. HORA DE NEGÓCIOS 5 – A EXPERIÊNCIA DO CLIENTE

Estas são apenas algumas estratégias que têm sido aplicadas em centenas de empresas diferentes. O que pode fazer com a sua empresa para criar uma experiência que faça com que os clientes queiram voltar?

Encontrar a nossa experiência excepcional

Faça as seguintes perguntas e certifique-se de que escreve as respostas. Lembre-se, a sua experiência não tem de ser mil vezes melhor do que a da sua concorrência (embora fosse bom que sim); tem de ser apenas memorável e apelativa.

- O que é que fazemos actualmente que é provável que seja um pouco irritante para os clientes e como é que o podemos mudar?
- O que é fazemos actualmente que os clientes acham que ajuda imenso?
- O que é poderemos fazer com facilidade e que os nossos clientes não estejam à espera, mas que melhore a sua experiência connosco?
- O que é que poderemos fazer, e que a nossa concorrência nunca consiga, que fará com que os nossos clientes contem aos amigos a sua experiência?
- O que é que a nossa equipa de vendas pode fazer para tornar o processo de venda mais simples e mais pessoal?
- Se a sua principal interacção com os clientes ocorre através do telefone, como é que pode tornar essa experiência ainda mais agradável e simples?
- Se a sua principal interacção acontece através do telefone, onde é que se encontra a obstrução no sistema? Como pode corrigi-la e melhorar a experiência?

O PODER DE UMA HORA

- Se a sua principal interacção acontece pessoalmente, o que pode fazer para receber melhor os clientes e envolvê-los nas experiências que têm consigo?
- Se está a interagir num escritório ou num edifício, o que é que precisa de ser limpo, actualizado ou posto de lado para tornar a atmosfera mais convidativa e entusiasmante?
- Pode dar melhor formação à sua equipa sobre os produtos ou serviços que vende, para que a informação que ela presta corresponda ou exceda aquela que os potenciais clientes poderão ter quando interagem consigo pela primeira vez?
- O que pode fazer para melhorar o seu serviço ao cliente?
- Como é que pode organizar a sua loja ou escritório para os tornar mais convidativos? (Pense nos consultórios dos dentistas. Costumavam ser muito estéreis e clínicos, e agora é possível que tenham vista para um jardim ou uma televisão para que possa ver enquanto bloqueia qualquer barulho com os auscultadores.)
- Quais dos seus colaboradores estão constantemente a agradar aos clientes e quais é que não estão? O que é que eles fazem de diferente?
- O que é que os seus clientes desejam encontrar ou que aconteça na sua experiência com a loja? Se ouvir o que eles tiverem a dizer e o implementar, irão recompensá--lo com a sua fidelidade e com publicidade de "passa palavra".
- O que é que, na sua experiência actual, o faz "perder as estribeiras" e que imagina que é provável que também provoque os mesmos sentimentos nos seus clientes? Corrija-o já.

Esteja atento às suas experiências. Se fica frustrado quando não consegue falar com alguém e, no entanto, põe os seus clientes a falar para uma máquina, esta pode não ser uma boa

CAPÍTULO 18. HORA DE NEGÓCIOS 5 – A EXPERIÊNCIA DO CLIENTE

escolha. As suas reacções sobre como é tratado por empresas irão ser semelhantes às dos seus clientes quando confrontados com a mesma experiência ou comportamento.

Ao investir tempo na criação da experiência perfeita para o cliente, irá desenvolver um grupo de seguidores fiéis que querem fazer negócios consigo. Os seus "fãs delirantes" irão encontrar novas formas de o fazerem, pois anseiam mais pela experiência do que pelos produtos em si.

Criar a experiência do cliente perfeita irá ser um momento decisivo no seu sucesso e do qual nunca se irá esquecer. Se é um líder, um gestor, um vendedor ou um cônjuge, o que é que pode fazer para criar uma experiência fabulosa quando os outros interagem consigo? Aplique os mesmos conceitos e o seu grupo de seguidores irá crescer!

Plano de acção de uma hora

O que é que quero conquistar especificamente?

Criar uma experiência do cliente fabulosa.

O que é que vou fazer especificamente para criar uma experiência do cliente fabulosa?

- Definir o que representa uma experiência do cliente fabulosa e como a vai avaliar.
- Avaliar a informação recolhida com as perguntas anteriores sobre as melhores oportunidades e implementá-las.
- Listar os passos específicos necessários para alcançar os resultados desejados
- Atribuir prazos a cada passo.

- Apontar quem vai estar envolvido ou ser responsável por cada passo.
- Atribuir e agendar tempo para que este plano de acção e passos a ele associados sejam implementados.
- Como irá definir o sucesso, para que saiba que o conquistou?
- Qual é a acção que pode tomar neste preciso momento para iniciar este plano de acção?

CAPÍTULO 19

HORA DE NEGÓCIOS 6 – ESTABELECER CONTACTOS

O que vou dizer a seguir irá irritar alguns, mas não faz mal; têm de o ouvir e têm de o considerar.

Os contactos são o "sangue" do negócio, mas nem todos os contactos são iguais. Nos negócios, a verdadeira finalidade de fazer contactos é o desenvolvimento de um negócio mais rentável através do aumento de receitas ou da partilha de informação. Não há qualquer outra finalidade funcional para desenvolver contactos nos negócios. Poderá, no final, fazer novos amigos a partir destes contactos, mas isso não é o motivo para os desenvolver.

Embora todos os executivos seniores, empresários ou vendedores conheçam o valor de manter uma rede de contactos*, são poucos os que o fazem de uma forma regular ou correctamente. As redes de contactos são quase sempre negligenciadas por duas razões. Primeiro, porque presumimos falsamente que, lá porque estabelecemos um contacto uma vez, o teremos para sempre. Os contactos, tal como os jardins, têm de ser cultivados. Segundo, somos vítimas da ideia de que "já temos amigos suficientes". Os negócios têm a ver com contactos e não com amizade. Os melhores negócios do mundo são desenvolvidos a partir de milhões de contactos.

O tempo que agendo em cada semana para manter os contactos nunca é desmarcado. Ao longo dos anos aumentei, por necessidade, a minha hora para duas horas por semana, devido ao tamanho da rede de contactos que desenvolvi. Nessas horas, aplico a Focalização Intensiva para estabelecer contactos e aprofundar relações.

---

* N.T. No original, *networking*.

O PODER DE UMA HORA

Saber como usar a sua rede de contactos e o que pode esperar dos diferentes intervenientes da sua rede é importante para o sucesso dos contactos.

Os três tipos de contactos

- *Parceiros Mentores.* Este é o nível mais elevado de contactos. Napoleon Hill introduziu a ideia de grupos Mentores* no seu livro clássico intitulado *Pense e Fique Rico***. Os Mentores são pequenos grupos de indivíduos intimamente ligados, que se reúnem regularmente com a finalidade de fazer progredir os negócios uns dos outros. Geralmente, nestes grupos os empresários mostram "o que lhes vai na alma" e os pormenores dos negócios, para beneficiarem outros no grupo, na expectativa de que os outros farão o mesmo. Muitas condições são analisadas regularmente.
- *Parceiros de Poder.* Os Parceiros de Poder são aqueles a que está ligado com a finalidade de partilhar informação de alto nível, pistas, oportunidades de *joint ventures* e a esperança de acabarem por evoluir para Parceiros Mentores. Os Parceiros de Poder tendem a ser aqueles que têm um significativo valor financeiro para si e vice-versa. São quem pode e lhe irá abrir portas e que o leitor irá apresentar, recomendar e aprovar a outros. Um outro classificador para eles é "amigos de negócios."
- *Contactos Casuais.* Os Contactos Casuais têm valor potencial em termos de contactos de negócios. São também aqueles que podem ter sido, a dada altura, Parceiros de Poder mas que se mudaram para outra posição ou empresa e já não têm o mesmo valor em termos de contactos. Mas quer manter-se

---

* N.T. No original, *Mastermind.*

** N.T. Publicado em Portugal pelas Edições Asa. O título original é *Think and Grow Rich.*

em contacto com eles caso regressem para a sua indústria ou seu estatuto se altere de uma forma importante. Um outro classificador para eles é "conhecidos de negócios."

Para compreender melhor cada contacto, como o desenvolver e o que esperar dele, vamos olhar para cada um mais de perto.

Parceiro Mentor

O Parceiro Mentor é o parceiro de mais alto nível, porque está activamente envolvido no sucesso do seu negócio ou da sua carreira. Estes são aqueles com quem se reúne regularmente para partilhar desafios, sucessos e oportunidades. São aqueles com quem partilha os seus conselhos e contactos, para os ajudar a concretizar os seus objectivos e vice-versa. Eles quase nunca estão numa indústria ou negócio da concorrência, devido à informação que partilham.

Os Parceiros Mentores evoluem quase sempre de relações de Parceiros de Poder, quando um dos dois decide que uma estrutura mais formal para a vossa relação seria mutuamente benéfica e a sugere. Quase nunca se consegue entrar num grupo de Mentores apenas por se saber da sua existência e pedir para fazer parte. Ou cria um grupo e convida indivíduos com ideias semelhantes ou é recomendado para o grupo por um outro contacto seu.

Pode esperar muito dos bons Parceiros Mentores. Os Parceiros Mentores estão concentrados em facultar informação, contactos, opiniões, perspectivas legais e éticas bem informadas sobre indústrias, empresas ou partes de negócios. Os seus Parceiros Mentores são uma prioridade para si e você é uma prioridade para eles.

Os Parceiros Mentores irão apoiá-lo, recomendá-lo e "vendê--lo" melhor do que consegue "vender-se" a si próprio em muitos casos. Porque a intenção expressa da relação é promover os negócios uns dos outros, é entendido que isso é o que vai acontecer. Os Parceiros Mentores são quase fraternais na sua ligação.

183

Pode pedir e esperar receber ajuda, favores (quando apropriados e legais) e ser a primeira consideração para propostas de negócios da empresa do parceiro se se relacionar com a sua indústria. Também pode esperar receber informação sobre como funcionam os negócios dos seus parceiros, como estes tomam decisões e os resultados dessas decisões em termos quantificáveis. Também pode esperar confiança, confidencialidade e um tipo de relação muito recíproca.

Parceiros de Poder

Os Parceiros de Poder são os contactos de negócios que faz com a finalidade de desenvolver mais negócios. Eles também o desenvolvem a si para os ajudar. É uma relação simbiótica que todos entendem. Existe um elemento de amizade na relação e uma quantidade razoável de partilha relativamente ao que se está a passar nas organizações de cada um. Nunca há uma partilha total porque, frequentemente, estes parceiros irão ter contactos múltiplos com alguma concorrência, logo a informação tem de ser mais genérica.

Desenvolve Parceiros de Poder ao iniciar uma conversa sobre como se poderão ajudar um ao outro. Poderá fazer isto através das interacções diárias com os elementos da sua indústria, incluindo fornecedores e clientes actuais e potenciais. Também irá procurar parceiros activamente ao estudar os intervenientes mais importantes da sua indústria e ao abordá-los directamente com uma proposta de valor que lhes dê uma boa razão para se envolverem consigo. Os Parceiros de Poder têm de ser "vendidos" pelo valor da relação ao início. Deixe-me partilhar um exemplo de como isto acontece.

John Klymshyn é o autor de *Move The Sale Forward*, um dos melhores livros de vendas alguma vez escritos e que recomendo vivamente. Conheci John pela primeira vez quando o

CAPÍTULO 19. HORA DE NEGÓCIOS 6 – ESTABELECER CONTACTOS

entrevistei para um programa de rádio que eu apresentava. John era culto, interessante e estava disposto a partilhar informação abertamente. Depois da entrevista, falámos e concordámos que poderiam existir formas de os nossos negócios interagirem de uma forma lucrativa. Mantivemo-nos regularmente em contacto e coloquei a entrevista de John no meu *site* da Internet, porque senti que tinha valor (ainda lá está).

Há cerca de quatro meses, John telefonou-me para dizer que alguém tinha ouvido a entrevista, entrado em contacto com ele e comprado o seu livro. Decidimos que podíamos ajudar-nos mutuamente para aumentar o negócio. John apresentou-me a várias organizações que precisavam de quem desse palestras e eu apresentei-o ao meu editor para que ele pudesse lançar um livro, que acabou por ser aceite.

A nossa relação como Parceiros de Poder continuou a crescer e nós partilhámos mais informações sobre os nossos negócios, as nossas estratégias e os nossos objectivos para o futuro. Partilhámos mais pistas, mais negócios e mais oportunidades. Acabámos por desenvolver um programa de formação em vendas intitulado "Sales Torque™"* e apresentámo-lo por todo o mundo.

À medida que a nossa relação se desenvolveu, decidi que John devia pertencer a um dos meus mais importantes grupos de Parceiros Mentores, por isso recomendei-o ao grupo e, com a aceitação do grupo, convidei-o a juntar-se a nós.

Antes da minha relação com John ter evoluído para uma parceria de Mentores, os seus conselhos, contactos, apoios e recomendações valeram-me milhares de dólares.

Pode esperar que os Parceiros de Poder lhe recomendem negócios, o apresentem a outras pessoas influentes e, ocasionalmente, o defendam. Mas não pode de forma razoável esperar que os Parceiros de Poder excluam as relações com a concorrência. Pode esperar que os Parceiros de Poder o ajudem se acreditarem

---

* N.T. "Força de Vendas".

185

que é uma combinação recíproca onde eles recebem alguma coisa por o ajudarem.

Deve ter mais Parceiros de Poder que qualquer outro dos dois grupos. Os Parceiros de Poder também devem incluir os seus conselheiros de maior confiança: o seu contabilista, o seu bancário, o seu médico e o seu advogado, por exemplo.

Contactos Casuais

Os Contactos Casuais são aqueles que podem evoluir para uma relação mais significativa ou que tenham uma possibilidade limitada de benefício mútuo. Frequentemente, estes contactos são feitos com uma única finalidade. Por exemplo, estou a consultar uma pediatra que me foi altamente recomendada. Esforço-me muito por ajudar o negócio dela. Sabe muito pouco acerca do meu, não faz nada para o promover e eu não estou à espera disso. Gosto que esteja concentrada na saúde da minha filha. Mas também gosto de saber que ela não está a receber pacientes novos e que a única forma de se conseguir chegar a ela é através de uma boa recomendação de um paciente que já existe.

Quando a minha filha já não tiver idade para ir à pediatra irei manter a relação, porque irei sempre conhecer pessoas que estão a ter filhos e gosto de poder recomendar com confiança a melhor pediatra na minha zona e de saber que ela irá receber quem eu recomendar.

Os Contactos Casuais são geralmente desenvolvidos através de reuniões de negócios, de apresentações casuais ou de visitas de vendedores sem marcação prévia. Ocasionalmente, são recomendações de Parceiros de Poder ou Parceiros Mentores para necessidades específicas. A relação é mantida para que se possa retribuir a dada altura ou porque pode vir a ser útil no futuro. Não justifica o investimento de tempo que se dá às duas relações de parceiros anteriores. Clientes antigos caem frequentemente na categoria dos Contactos Casuais.

Manter os contactos

De longe, o melhor livro sobre *networking* é o *Nunca Almoce Sozinho* de Keith Ferrazzi[*]. O livro contém dezenas de formas óptimas para segmentar os seus contactos e para os manter. Recomendo seriamente este livro para que alargue os seus contactos.

Vou partilhar consigo um plano que o ajuda a manter-se em contacto rápida e facilmente e leva geralmente menos de hora por semana. Há vários motivos para que este programa leve tão pouco tempo. Primeiro, irá ter sempre contacto regular com os seus Parceiros Mentores, por isso não tem de se manter em contacto com eles para além dos seus agendamentos actuais. Os Parceiros de Poder irão tomar a maior parte do seu tempo, devido ao seu grande número. Deve contactar os seus Parceiros de Poder pelo menos uma vez por mês com a finalidade de se manter em contacto, para além de qualquer outro contacto que possa ter tido com eles. Os Contactos Casuais são contactados duas ou três vezes por ano para manter a relação viva e a avançar. Não se pode depender de uma relação que passe mais de um ano sem qualquer contacto e é pouco provável que sobreviva. Depois de um ano, o contacto poderá lembrar-se de si, mas o motivo que ele teve para manter a relação provavelmente já não existe.

Manter-se em contacto

Parceiros Mentores

Devido à frequência e profundidade do contacto que tem com os Parceiros Mentores, é importante que tenha um contacto pessoal com eles pelo menos duas vezes por ano. Algumas das melhores

---

[*] N.T. Publicado em Portugal pela Actual Editora, 2006.

O PODER DE UMA HORA

formas de contactos pessoais são os aniversários, eventos significativos na vida do parceiro ou no Ano Novo. Com os Parceiros Mentores, um dos seus contactos deve ser pessoal e individualmente.

Jantar, almoçar, ir ao teatro ou a um evento desportivo, ou qualquer outra ocasião, pode ser uma óptima altura para ter um contacto em pessoa. É muito útil envolver os cônjuges ou companheiros nos encontros pessoais sempre que possível, para aprofundar mais a relação. Geralmente, aqueles que são Parceiros Mentores podem de facto ser considerados amigos. Se optar por enviar presentes como uma forma de entrar em contacto com estas pessoas muito importantes, certifique-se de que o seu presente reflecte algum conhecimento sobre elas. Não envie o mesmo presente que envia a todos os outros. Ou o torna pessoal, ou nem sequer o envia.

Parceiros de Poder

Os Parceiros de Poder devem ser contactados pelo menos uma vez por mês. A melhor forma de contactar é por correio electrónico ou por telefone. O correio electrónico pode ser uma óptima forma de contacto uma vez por outra, mas não é um substituto da chamada telefónica ou do encontro pessoal ocasional. Deve sempre telefonar aos Parceiros de Poder nos seus aniversários, quando aparecem na comunicação social (a não ser que seja uma ocorrência diária e, assim, apenas numa ocasião importante) ou sempre que tenha uma oportunidade para partilhar com eles. Certifique-se de que não entra em contacto com eles apenas quando precisa de algo, pois essa é a forma rápida de destruir uma relação.

A sua comunicação com os Parceiros de Poder deve ter quase sempre uma finalidade ligada aos negócios. A minha recomendação é que os contacte duas vezes com uma oportunidade para eles por cada vez que queira alguma coisa deles. Pode estar em contacto com alguns Parceiros de Poder com tanta regularidade que não é

188

CAPÍTULO 19. HORA DE NEGÓCIOS 6 – ESTABELECER CONTACTOS

necessário qualquer esforço extra para manter o contacto. Nesses casos, esforce-se apenas para que, em três ou quatro vezes por ano, o contacto seja pessoal e não relacionado com os negócios.

Contactos Casuais

Para entrar em contacto com os seus Contactos Casuais, o telefone é de longe o instrumento mais importante. Porque estes não têm um contacto regular consigo, precisam do elemento de contacto humano para manter a relação. Mais uma vez, os aniversários são uma boa escolha ou, no mínimo, a semana do aniversário deles se souber a data. Se não souber, então escolha outro evento importante como o Ano Novo, o Natal, o primeiro dia da Primavera ou qualquer coisa que possa usar como base. Também os deve contactar com dicas sempre que estas pareçam apropriadas, ou noutras alturas oportunas como quando são promovidos ou referidos na comunicação social.

De seguida apresento-vos o aspecto do meu plano pessoal todas as semanas.

Plano pessoal diário

Dez minutos – Aniversário ou outras chamadas importantes do dia para os meus Parceiros de Poder. A minha mensagem é muito simples: "Olá Tim, sei que faz anos hoje e queria desejar--lhe o melhor aniversário de sempre. Nem acredito que já passou um ano desde que nos vimos da última vez. Espero que hoje faça alguma coisa muito entusiasmante para celebrar. Sei que um milhão de pessoas lhe irão ligar, por isso não lhe levo mais tempo. Tenha um aniversário *soberbo*." Em dez minutos consigo geralmente fazer cinco chamadas destas, já que a maioria vai acabar por ir para o correio de voz. Recebo um telefonema de

189

O PODER DE UMA HORA

volta de pelo menos uma pessoa e tenho uma conversa de cinco minutos para manter a ligação.

Plano pessoal semanal

As terças-feiras são o meu dia para manter contactos. Faço dez chamadas em 60 minutos, o que me dá seis minutos por chamada e isso é bastante. Tenho um motivo para ligar ou, se não tiver, digo que estou a ligar para saber como estão as coisas, porque não falamos há já uns tempos. Descobri que, ao utilizar um gestor de contactos, nunca tem de ficar a pensar no que é que falaram da última vez se dedicar tempo a apontar notas de cada conversa. Pode sempre dar seguimento ou fazer perguntas. Escolho as terças-feiras porque a experiência me ensinou que vou conseguir apanhar mais pessoas nesse dia.

Ultimamente tenho usado um outro instrumento chamado *Audiogenerator*. O *Audiogenerator* permite-me gravar uma única mensagem áudio que pode ser transmitida para muitos destinatários simultaneamente através do correio electrónico. Gosto do *Audiogenerator* porque me permite entrar em contacto por voz, sem ter de passar pelo correio de voz ou pelos filtros de chamadas. A maioria irá ouvir porque o postal áudio é excepcional. O instrumento em si gera muitas chamadas de resposta só porque os outros ficam curiosos sobre ele. Na verdade, se me enviar um *e-mail* para powerofanhour@aweber.com, eu envio-lhe um postal áudio para que veja como é que funciona.

Manter-se em contacto não é difícil se se disciplinar. É um dos novos hábitos mais lucrativos que alguma vez irá desenvolver. Uma advertência: certifique-se de que é bom a finalizar conversas de uma forma atempada. Manter contactos não é uma oportunidade para desperdiçar o seu dia; é uma oportunidade para fazer avançar uma relação e manterem-se um ao outro focalizados naquilo que o outro precisa ou quer.

CAPÍTULO 19. HORA DE NEGÓCIOS 6 – ESTABELECER CONTACTOS

Esta hora focalizada por semana traz-me pelo menos 520 contactos por ano. Responda honestamente a esta próxima pergunta: Está actualmente a fazer 520 contactos por ano com indivíduos, em separado, que são seus Parceiros de Poder? A maioria vai responder que não e o número verdadeiro de contactos individuais irá estar abaixo dos cem.

Deixar morrer relações

A dada altura irá perceber que algumas relações de negócios já não têm qualquer finalidade e que tem de as abandonar. No princípio é difícil, porque fomos ensinados a manter relações. Mas lembre-se disto: irá estar a fazer um favor ao outro ao deixar morrer uma relação improdutiva, porque não se irá sentir obrigado a responder às suas chamadas ou *e-mails*.

Dado que não há forma possível de cuidar adequadamente de todos os contactos que fazemos desde sempre, temos que abandonar alguns deles. Encorajo-o seriamente a seleccionar hoje as suas relações de negócios fazendo as seguintes perguntas:

- Qual é a finalidade de me manter em contacto com esta pessoa?
- Forneci-lhe alguma informação importante neste último ano?
- Ela forneceu-me algum contacto importante neste último ano?
- Estarei só a cumprir as formalidades nesta relação?
- Quais são as três razões válidas para que mantenha esta relação por mais três meses?
- Qual é o resultado mais provável se deixar esta relação morrer?
- Há alguma razão convincente para continuar a despender energia com esta relação?

- O meu tempo terá melhor uso se substituir esta relação por uma mais importante?

Lembre-se, os contactos são o "sangue" do seu negócio. Certifique-se de que investe de uma forma sábia o seu tempo e o seu compromisso com eles.

Plano de acção de uma hora

O que é que quero conquistar especificamente?

Melhorar os meus contactos.

O que é que vou fazer especificamente para segmentar e melhorar os meus contactos actuais?

- Dividir os contactos em três categorias definidas: Parceiros Mentores, Parceiros de Poder, Contactos Casuais.
- Avaliar a informação recolhida com as perguntas anteriores e estudar as respostas, para compreender totalmente por que é que está a empreender esta acção e o que tem de fazer para ter sucesso.
- Listar os passos específicos necessários para alcançar os resultados desejados.
- Atribuir prazos a cada passo.
- Apontar quem vai estar envolvido ou ser responsável por cada passo, se outros estiverem envolvidos.
- Atribuir e agendar tempo para que este plano de acção e passos a ele associados sejam implementados.
- Como irá definir o sucesso, para que saiba que o conquistou?
- Qual é a acção que pode tomar neste preciso momento para iniciar este plano de acção?

CAPÍTULO 20
HORA DE NEGÓCIOS 7 – MENTOR

Uma das horas melhores e mais gratificantes que irá passar nos negócios é a hora por semana em que deve ser mentor de alguém. Além de estar a desenvolver um colaborador que terá mais valor para a sua organização, irá criar uma melhor organização. Um benefício complementar de ser mentor de alguém é que irá ter uma visão da organização excepcionalmente diferente da sua. Ver a sua empresa ou departamento através de outros olhos pode ser útil.

Agir como mentor não é tão difícil como a maioria pensa. Primeiro, vamos ver o que é e o que não é ser mentor:

Ser mentor significa:

- Uma relação pessoal focalizada no desenvolvimento de alguém para que progrida na sua organização ou na carreira.
- Uma altura para partilhar aberta e sinceramente experiências pessoais como um exemplo de aprendizagem.
- Uma oportunidade para incutir noutro os seus valores mais importantes.
- Uma oportunidade para ajudar a desenvolver um colaborador mais produtivo.
- Uma oportunidade para deixar um legado na sua empresa ou departamento.
- Uma oportunidade para dar a alguém uma oportunidade importante de formação que provavelmente você nunca teve.

193

Ser mentor não é:

- Um jogo de poder.
- Uma oportunidade para criar um clone.
- Feito por razões egoístas e gananciosas nem com a esperança de obter ganhos pessoais a partir de outra pessoa.
- Uma oportunidade para praticar favoritismo.
- Uma oportunidade para demonstrar o seu poder e autoridade.
- Uma desculpa para passar mais tempo com um amigo ou colega de trabalho.
- Uma oportunidade para encontrar uma relação amorosa.

Neste tipo de relação, é inevitável que se desenvolva uma amizade. É fundamental que não deixe que essa amizade tenha impacto negativo nas suas expectativas em relação a quem recebe a sua orientação. As suas expectativas têm de ser equilibradas com a posição e capacidade dele. A amizade não deve evoluir ao ponto de quem recebe orientação ter uma vantagem ou consideração injusta relativamente a outros igualmente qualificados. Aqueles que tiveram mentores não devem ter vantagens para além das suas capacidades só porque receberam orientação.

De quem deve ser mentor?

Sejamos francos, nem todos merecem ou estão aptos a tê-lo como mentor. Há geralmente três tipos de pessoas que são boas candidatas a receber orientação. O primeiro é alguém que é novo no departamento ou na organização e precisa de atenção complementar para se actualizar rapidamente. Este é geralmente um acordo a curto prazo.

O segundo é alguém que está a ser preparado para uma posição semelhante à sua. Você é um gestor e está a ser mentor

CAPÍTULO 20. HORA DE NEGÓCIOS 7 – MENTOR

de um candidato à gestão, por exemplo. Este é geralmente um compromisso a longo prazo para o desenvolvimento de competências, conhecimentos e capacidade organizacional.

O terceiro candidato é alguém que o leitor está a preparar para assumir a sua posição. Este é um tipo intermédio de relação e, de entre os três, é o que tem mais possibilidade de danificar o seu ego. Se ele tiver mais sucesso na mesma posição, o seu ego pode ficar ferido. Se tiver menos sucesso, o seu ego também sofrerá um impacto, porque sente que deixou o seu aluno ficar mal.

Como escolher a quem dar orientação

Se não tem um programa formal de mentor, existem algumas linhas de orientação relativamente simples que pode utilizar para encontrar bons candidatos a receberem orientação.

- Frequentemente, os candidatos irão identificar-se a si mesmos; irão informá-lo quando estiverem prontos para receber o seu apoio e pedirão ajuda.
- Repara numa deficiência que tem de ser corrigida.
- Irá identificar um colaborador excepcional que precisa de atenção complementar para alcançar o seu potencial máximo.
- Uma recomendação da equipa ou da gestão.

Fazer com que este apoio funcione

Para que uma relação de mentor funcione, deve ser formalizada com o compromisso dos dois lados. Devem identificar os resultados específicos e mensuráveis esperados. Irá utilizar estes resultados para determinar a eficácia do programa. Finalmente, tem de saber quando terminar esta relação.

195

O PODER DE UMA HORA

Formalizar a relação

A forma mais eficaz de formalizar a relação é através de uma conversa organizada. Durante a conversa deve fazer perguntas detalhadas relativamente ao desejo e ao compromisso do candidato. Eis algumas perguntas que poderá querer fazer:

Qual é a coisa mais importante que quer conseguir desta relação? Quem recebe a orientação deve estar apto a responder facilmente a esta pergunta com *feedback* específico sobre o que ele ou ela acredita que deve ser o resultado. Desde que o candidato consiga articular o resultado e esteja encaminhado, a resposta é suficiente.

Como é que vai saber se está a progredir na relação? Quem recebe a orientação deve estar apto a ajudar a definir vários marcos de desenvolvimento usados para avaliar o sucesso. Deve dar-lhe exemplos específicos de competências ou experiência que irá obter para demonstrar que é competente. Não esteja à espera que as respostas estejam completamente elaboradas; irá ter de o ajudar a tornar as respostas realistas e deve fazê-lo. Formalizar expectativas é uma medida significativa para o sucesso desta relação.

Quais são as expectativas que um candidato tem de si nesta relação? Ele deve estar apto a explicar as suas expectativas. Talvez tenha de ajustar as expectativas dele para se certificar de que estão de acordo com aquilo que está disposto e apto a fazer.

Quanto tempo é que consegue realisticamente empenhar nesta relação, continuando a manter as expectativas do seu trabalho diário? O candidato deve dar-lhe uma indicação de quanto tempo pode investir. Se só tiver tempo durante as horas de trabalho, poderá ser difícil agir adequadamente como mentor dele, a não ser que esteja disposto a comprometer as suas horas de trabalho no seu progresso. Geralmente, este tipo de relação irá exigir de ambas as partes esforço e tempo extra.

196

CAPÍTULO 20. HORA DE NEGÓCIOS 7 – MENTOR

Para finalizar a relação, deve estabelecer as suas expectativas. Estas têm de ser claras, concisas e estar de acordo com a capacidade de quem está a ajudar. Lá porque costumava trabalhar 18 horas por dia quando começou, não quer dizer que eles o devam fazer.

Depois de estabelecer as suas expectativas, delineie um plano de acção. Diga a quem recebe orientação exactamente aquilo que pode esperar. Mostre-lhe um plano que irá demonstrar como ele irá progredir e o que irá ter de fazer e concretizar. Porque se trata de uma relação em que uma pessoa está a aprender novas competências, tem de estabelecer linhas de orientação claras para a sua disponibilidade. Certifique-se de que a relação de mentorado permanece uma relação de professor-aluno e não uma "muleta" para quem está a orientar.

Criar um compromisso para ambas as partes

O aspecto mais importante da criação de compromisso é agendar realmente tempo para trabalharem juntos. São demasiadas as vezes em que actuar como mentor de alguém significa que é dado à pessoa mais trabalho sem interacção alguma. Encontre uma altura em que os dois possam trabalhar juntos, idealmente sem interrupções. Marque uma altura na agenda e comprometa--se com isso. Se tiver que remarcar, tem de ser agendada para a mesma semana.

Estabelecer objectivos quantificáveis também demonstra o compromisso de ambas as partes. O compromisso começa consigo a estabelecer os objectivos e continua com a concretização destes.

Persista. O compromisso é demonstrado ao realizarem as acções que cada um prometeu. Avalie o seu sucesso de acordo com os seus marcos de desenvolvimento.

197

O PODER DE UMA HORA

Desenvolver aquele que está a apoiar

O objectivo de ser mentor é desenvolver aquele com quem está a trabalhar, para que um candidato a uma posição ou um colaborador seja mais eficaz. Como tem um conhecimento superior, cabe-lhe a si definir as áreas que se seguem da forma como se relacionam com o seu negócio e com aquele com quem está a trabalhar. Certifique-se de que dá tantos pormenores quanto possível ao definir as áreas.

- Competências de trabalho
- Competências de gestão
- Traços pessoais (capacidade de comunicação, vestuário, etc.)
- Conhecimento da empresa
- Conhecimento do produto
- Competências pessoais (escrever, falar, etc.)

Transferir o seu conhecimento é a tarefa mais importante que alguma vez empreenderá. A ideia não é fazer do outro um seu clone, mas antes transmitir as suas competências mais valiosas e permitir ao outro que desenvolva as suas próprias competências. Quer que as novas competências se tornem parte de quem o outro é e não que o definam.

Certifique-se de que determinou claramente a forma como irá transmitir as competências. A forma mais eficaz é através de uma combinação de teoria, exemplo e experiência prática. Não se consegue aprender uma nova competência até que se compreenda no seu fundamental, se veja em acção e depois se tenha uma oportunidade para a colocar em acção e obter um *feedback* positivo.

Pense neste processo como se estivesse a ensinar uma criança a andar de bicicleta. Diria à criança como deve ser feito e por que é que se anda de bicicleta dessa forma. Depois mos-

198

CAPÍTULO 20. HORA DE NEGÓCIOS 7 – MENTOR

traria como fazê-lo e finalmente poria a criança na bicicleta e orientava-a enquanto ela aprendia a nova competência. Assim que ela compreendesse o básico, largaria a bicicleta mas ficaria por ali para a agarrar se ela caísse. Gradualmente, permitiria à criança ir cada vez mais longe, dando-lhe a oportunidade de ter sucesso ou de falhar por si mesma. Estaria por ali para lhe dar *feedback* e ajudá-la se ela precisasse. Acabaria por poder deixá--la ir sozinha. Ela irá continuar a cair de vez em quando, mas isso irá acontecer com menos frequência. Ser mentor é exactamente a mesma coisa.

A sua comunicação tem de ser clara e concisa, focalizada em facultar um plano passo a passo para a aprendizagem de uma nova competência e para alcançar o sucesso. Nesta relação, cabe--lhe a si adaptar o seu estilo de ensino ao estilo de aprendizagem de quem está a orientar para máxima eficácia.

Assim que tiver transferido uma competência e os mentorandos a tiverem aprendido suficientemente bem para a experimentarem sozinhos, deixe-os ir. Dê-lhes uma tarefa ou um projecto que exija que eles apliquem a competência recentemente adquirida. Continue com este processo de aprendizagem até estar confiante de que todos os objectivos originais da relação foram concretizados.

Terminar a relação

Terminar esta relação de mentor é difícil. Se foi um bom mentor, desenvolveu uma relação e um laço. Mas, tal como deixar que os filhos saiam de casa, tem de cortar a dependência que eles têm de si. Tem de deixá-los obter a sua própria experiência e desenvolver as suas novas competências. Se fez um bom trabalho como mentor, isso irá revelar-se.

A melhor forma de terminar uma relação é fazê-lo formalmente. Gosto de dar um jantar com os elementos importantes da

O PODER DE UMA HORA

equipa, com os cônjuges ou companheiros e qualquer outro da organização que deva estar envolvido. Durante o jantar, geralmente entre as bebidas e as entradas, anuncio ao grupo que tenho sido o mentor de alguém e que, ao longo dos últimos meses, ele cresceu e atingiu um novo nível profissional. Informo o grupo que tenho grandes esperanças e que tenho a certeza de que será eficaz em qualquer posição futura. Reitero o meu forte apoio.

Descobri que, desta forma, nunca há mal-entendidos nem rancores. Quem recebeu a sua orientação não sente que perdeu a sua aprovação porque começou a ser o mentor de outra pessoa. Sente que concretizou algo importante e que irá ter sempre um recurso, independentemente de onde acabe por ficar. Todos se lembram do seu primeiro mentor e raramente perdem o contacto. O meu foi Shawn Lee e valorizo profundamente tudo o que ele fez para definir o meu caminho logo de início. As lições que me ensinou ainda me são úteis hoje em dia.

CAPÍTULO 20. HORA DE NEGÓCIOS 7 – MENTOR

Plano de acção de uma hora

O que é que quero conquistar especificamente?

Agir como mentor de um elemento da equipa.

O que é que vou fazer especificamente para actuar de forma eficaz como mentor de um elemento da minha equipa?

- Identificar um candidato.
- Avaliar a informação recolhida com as perguntas anteriores e estudar as respostas, para compreender totalmente por que é que está a empreender esta acção e o que tem de fazer para ser bem sucedido.
- Listar os passos específicos necessários para alcançar os resultados desejados.
- Atribuir prazos a cada passo.
- Apontar quem vai estar envolvido ou ser responsável por cada passo, se outros estiverem envolvidos.
- Atribuir e agendar tempo para que este plano de acção e passos a ele associados sejam implementados.
- Como irá definir o sucesso, para que saiba que o conquistou?
- Qual é a acção que pode tomar neste preciso momento para iniciar este plano de acção?

CAPÍTULO 21

HORA DE NEGÓCIOS 8 – RETRIBUIR

Retribuir é algo que provavelmente todos queremos fazer, mas que é sempre uma das últimas coisas para as quais encontramos tempo. É importante retribuir à sua comunidade ou à humanidade, para sentir a gratificação que é trabalhar para resolver problemas maiores do que você.

Retribuir tem ramificações poderosas para os seus negócios e para a sua vida pessoal. Apesar de me estar a centrar na retribuição como parte das suas horas de trabalho, esta poderia ser igualmente centrada nas horas pessoais. Optei por inseri-la nas horas de trabalho, porque no âmbito dos negócios tem muitas oportunidades para retribuir, oportunidades que não tem na vida pessoal. Os seus recursos e as suas oportunidades são diferentes e são mais importantes

Existe um motivo pelo qual retribuir é tão importante para o seu negócio. Tem diariamente a oportunidade de criar uma vida melhor com base no seu esforço e nos esforços daqueles que trabalham consigo. A sua rentabilidade resulta da sua capacidade de influenciar os outros a comprar os seus produtos ou serviços e, consequentemente, prospera. Independentemente da sua posição sócio-económica, está agora onde está. Quer se tenha esforçado

203

O PODER DE UMA HORA

a trabalhar para aí chegar ou não, ao longo do caminho alguém o ajudou, consciente ou inconscientemente. Alguém lhe deu uma oportunidade e muitos que conhece e que não conhece permanecem responsáveis pelo seu sucesso de hoje.

Muitos no mundo estão literalmente a morrer na sua luta para ter a mesma oportunidade que o leitor teve. Outros estão literalmente a morrer por se esforçarem por ter acesso à educação. Há outros que estão perto da morte, mas lutam para sobreviver o suficiente até que alguém como o leitor crie a cura para a sua doença. Todas estas pessoas precisam da sua ajuda. É claro que há muitas outras que precisam de ajuda – aquelas que sofrem os impactos de desastres naturais, guerras e qualquer outra das devastações que podem ocorrer a qualquer altura.

A questão é que pode ajudar. O meu amigo John Forde (www. jackforde.com) escreve uma fabulosa *newsletter* sobre *copywriting*, pela qual ele poderia facilmente cobrar centenas de dólares por ano, mas ele oferece-a para ajudar outros. Isto é uma pequena parte daquilo que ele faz. Em cada *newsletter*, identifica uma instituição de solidariedade social que está à procura de alguém que escreva um *copywrite* para os ajudar a angariar fundos. Estas não são geralmente as grandes instituições de solidariedade social; são as mais pequenas, que fazem todo o trabalho que conseguem com um orçamento limitado. John consegue retribuir de duas formas: dá gratuitamente o seu conhecimento para que os outros possam obter uma competência e, de seguida, dá-lhes a oportunidade de utilizarem esse conhecimento ajudando alguém que precisa dele.

Muitas vezes achamos que a única forma de ajudar uma instituição de solidariedade social é passando um cheque. É claro que o dinheiro ajuda, mas passar o cheque nunca é tão gratificante como estender a mão para ajudar. É bom para si e é bom para a instituição.

Quando era pequeno éramos muito pobres e, como cresci num culto, não nos era permitido celebrar o Natal. Um ano, estava

204

CAPÍTULO **21.** HORA DE NEGÓCIOS 8 – RETRIBUIR

em casa a tomar conta dos meus irmãos mais novos quando um carro parou à porta. Um homem tirou do carro um caixa enorme com presentes e comida e veio à nossa porta. Ele disse que estava ali para entregar o Natal. Eu disse-lhe que nós não celebrávamos o Natal e que não aceitávamos caridade (a minha mãe não o consentia). Ele disse-me uma coisa que nunca esqueci: "Filho, isto não é caridade e, se tu não podes celebrar o Natal, não faz mal. Podes dar estes presentes a outros que precisem mais do que tu. E, quando fores mais velho, fazes isto por alguém que precise de alguma coisa mais do que tu e assim pagas o que me deves. Isto não é caridade; é um empréstimo que espero que venhas a pagar." Apertou-me a mão e depois deixou a caixa e foi-se embora sem me dizer o seu nome. Eu paguei-lhe a dívida dezenas de vezes ao longo dos anos. Sempre que o faço, sinto-me muito bem por saber que alguém irá ter a oportunidade de fazer o mesmo. Estou a honrar a memória de um homem que nunca conheci dando o exemplo e lançando o desafio para alguém que não conheço. Tenho a certeza de que algumas dessas pessoas se irão encontrar em circunstâncias melhores e, por fim, pagar-me a dívida ajudando outros. É isto que quero que faça durante a sua hora de retribuição. Encontre uma forma, uma causa, uma pessoa, um grupo, uma instituição de solidariedade social, alguém que precise da sua ajuda, e envolva-se.

Jerome Eberharter é CEO da White Cloud Coffee, (www.whitecloudcoffee.com) e adora três coisas: café, andar de mota e ler. Jerome decidiu retribuir e criou a sua própria instituição de solidariedade social chamada Ride 2 Read (www.ride2read.org). Todos os anos organiza uma corrida de motas e angaria fundos para apoiar pequenas bibliotecas em Idaho, na tentativa de ajudar crianças e adultos a aprender a ler. Acha que o esforço de solidariedade de Jerome é um desafio para ele? De forma alguma – ele tornou-o divertido, tornou-o pessoal e adora estar envolvido. Na verdade, se quer dar o primeiro passo para a solidariedade, faça uma pequena doação em www.ride2read.org agora mesmo.

O PODER DE UMA HORA

Aqui estão algumas formas de retribuir como empresa:

- Doe por um dia os seus colaboradores a uma causa meritória.
- Venda o seu *stock* em excesso no eBay e doe os lucros a uma instituição de solidariedade social.
- Faça uma recolha de alimentos na sua empresa uma vez por mês e doe-os a um banco alimentar ou a uma família.
- Receba uma campanha de recolha de sangue no seu escritório.
- Envolva-se em projectos comunitários que ajudem idosos ou inválidos.
- Dê bónus aos colaboradores que façam mais pela sua comunidade.
- Doe os recursos do seu escritório a uma instituição de solidariedade social que precise deles. Deixe instituições de solidariedade usar os seus computadores, impressoras, etc., até que se possam sustentar.
- Adopte uma família sem abrigo.
- Adopte uma família que se está a mudar para a sua cidade vinda de um país devastado pela guerra.
- Doe os seus antigos móveis de escritório a uma instituição de solidariedade que os possa dar a quem não tenha móveis.
- Dê aos seus clientes a oportunidade de doar um dólar por cada compra a uma instituição de solidariedade que apoie.
- Coloque um botão de donativos no seu *site* da Internet e entregue-os a uma instituição de solidariedade da sua escolha.
- Doe produtos ou serviços.
- Dê a cada colaborador uma hora paga por semana que eles possam usar para fins de solidariedade social.
- Use a sua imaginação; há mil formas de ajudar.

A verdadeira questão não é se pode ajudar ou não; é pôr de lado o tempo para o fazer. A sua empresa beneficia mais da ajuda que dá do que aquilo que pode imaginar. Torna-se mais visível na comunidade. Os seus colaboradores sentem-se mais realizados e falam sobre o local fantástico onde trabalham. Torna-se numa empresa que é mais desejada pelos bons colaboradores, porque partilha convicções fortes. Estabelece contactos na comunidade que, de outra forma, não faria e tem acesso a coisas que, de outra forma, lhe poderiam ter escapado.

A hora que passa para fins de solidariedade social irá compensá--lo de muitas formas, mais do que pode imaginar. Se já passa uma hora ou mais por semana a fazer voluntariado, ou se está a realizar trabalho de solidariedade, passe mais uma hora para ver como é que pode alavancar o seu negócio e os seus colaboradores de forma a criar uma melhor oportunidade para ajudar.

Lembre-se, não tem de ir à falência quando é solidário; apenas tem de ser, quer gaste um tostão ou não. Invista sabiamente a sua hora de solidariedade. Coloque a si próprio estas perguntas para determinar o ponto de partida:

- Que causas ou ideias é que me interessam profundamente?
- Se pudesse ajudar alguém no mundo, quem é que ajudaria?
- Se pudesse fazer alguma coisa para angariar fundos, o que é que faria?
- Que actividade de solidariedade, que seja original e importante para mim, é que posso criar?
- Em que evento comunitário que ajuda os mais necessitados da minha comunidade é que posso envolver os meus colaboradores, quer tenha de lhes pagar quer eles doem o seu tempo?
- Quero ajudar famílias? Indivíduos? Crianças? Animais?
- O que é que me tem impedido de retribuir? O que é que posso fazer agora para ultrapassar esse obstáculo?
- Se não puder fazer mais nada, posso pedir a todos os colaboradores da empresa que dêem alguma comida enlatada ao banco alimentar local?

O PODER DE UMA HORA

Ao colocar estas perguntas simples estará bem encaminhado para desenvolver um programa de retribuição, que recompensará para o resto da sua vida. A ajuda que dá hoje a alguém é o conforto que irá ter quando olhar para a sua vida. Faça da sua empresa um negócio bem intencionado e um local de cultivo para a bondade. Nunca se irá arrepender de qualquer hora que invista em tais missões de mérito.

Plano de acção de uma hora

O que é que quero conquistar especificamente?

Retribuir com algo à minha comunidade ou à humanidade.

O que é que vou fazer especificamente para retribuir?

- Identificar uma causa, instituição de solidariedade social ou actividade.
- Avaliar a informação recolhida com as perguntas anteriores e estudar as respostas, para compreender totalmente por que é que está a empreender esta acção e o que tem de fazer para ser bem sucedido.
- Listar os passos específicos necessários para alcançar os resultados desejados.
- Atribuir prazos a cada passo.
- Apontar quem vai estar envolvido ou ser responsável por cada passo, se outros estiverem envolvidos.
- Atribuir e agendar tempo para que este plano de acção e passos a ele associados sejam implementados.
- Como irá definir o sucesso, para que saiba que o conquistou?
- Qual é a acção que pode tomar neste preciso momento para iniciar este plano de acção?

208

CAPÍTULO 22

HORA DE NEGÓCIOS 9 – A HORA FINAL

Na hora final de focalização vamos trabalhar na criação de sistemas. Sistematizar o seu negócio é um instrumento muito importante por duas razões. Primeiro, permite-lhe focalizar-se fácil e rapidamente, porque não tem de criar um novo plano de cada vez que trabalha num projecto específico. Segundo, permite a qualquer um que tenha de estudar o processo na sua ausência ter toda a informação necessária para completar o projecto.

Os pequenos negócios, em particular, têm menos probabilidade de ter sistemas estabelecidos para gerir os seus negócios. Os empresários recusam-se frequentemente a empregar tempo para criar um sistema, porque o tempo exigido para tal parece ser muito comparado com o benefício. Os proprietários de pequenos negócios não são os únicos culpados por pensarem de forma errada – muitos gestores também são. Quanto mais e melhores sistemas criar, melhor funciona o seu negócio.

O que deve ser sistematizado

Ao avaliar cuidadosamente a sua empresa, deve poder encontrar muitas áreas (quase todas podem ser sistematizadas) que irão beneficiar mais rapidamente com a sistematização. Comece com as suas próprias tarefas diárias e vá avançando. Não tem de criar os sistemas; em muitos casos, eles já existem e estão a funcionar. Apenas tem de se certificar que alguém está a documentar o sistema para que, se necessário, outro possa seguir o sistema e repetir os resultados.

209

O PODER DE UMA HORA

Como criar sistemas eficazes

Os sistemas eficazes são criados ao definir o processo necessário para completar uma acção desde a criação à conclusão. Quanto mais específico e detalhado conseguir ser, mais previsível é o resultado. Comece por documentar sistemas que estejam a funcionar e depois siga para os sistemas que precisam de aperfeiçoamentos ou que têm de ser criados. Torna-se muito mais fácil criar um sistema novo, quando já se tem alguma experiência a documentar sistemas existentes. Há seis passos a dar para criar um sistema eficaz.

1. Identifique claramente o sistema ou processo.
2. Identifique o resultado da execução do sistema ou do processo.
3. Identifique quem deve executar o sistema ou processo.
4. Identifique os passos exactos envolvidos na execução do processo.
5. Identifique os resultados esperados ao fim de cada passo.
6. Identifique o indicador de confirmação que assinala que o sistema está completo.

Identifique claramente o sistema ou processo

Quanto mais claramente conseguir identificar o sistema ou processo que está a documentar, maior é a probabilidade de sucesso. Documentar o seu processo de produção, por exemplo, é um bom ponto de partida, mas é muito genérico. Adicionalmente diria: "Vamos documentar a parte da aquisição da matéria-prima do nosso processo de produção, e depois avançar e identificar todos os outros processos individuais e documentá-los, para ter uma documentação completa do nosso processo de produção."

210

Identifique o resultado da execução do sistema ou do processo

Documente apenas o que quem vai executar o processo pode esperar que aconteça como resultado das suas acções. Ao saber o que esperar, aqueles que executam o processo podem ter a certeza de que escolheram seguir o processo certo.

Identifique quem deve executar o sistema ou processo

A sua documentação deve ser muito clara sobre quem está autorizado a utilizar o sistema ou a executar o processo. Deve indicar cada pessoa pelo nome, título ou descrição do cargo e especificar quem mais tem de estar envolvido, ser contactado, consultado ou informado sobre o processo. Os sistemas funcionam melhor quando todos os que têm de estar envolvidos estão cientes e focalizados ao mesmo tempo ou na altura apropriada. Podem também transmitir informação pertinente àqueles que não conhecem o sistema e que o estão a executar pela primeira vez.

Identifique os passos exactos envolvidos na execução do processo

Este é o passo mais importante do processo de sistematização. Certifique-se de que identifica todos os passos necessários e a ordem exacta na qual estes devem ser dados para realizar a tarefa. Seja muito metódico na sua análise do processo e dos passos necessários. Certifique-se de que inclui o tempo de realização ou quaisquer outras questões que estejam ligadas ao sucesso da conclusão do processo. Pense nisto como se estivesse a escrever a sua receita para o sucesso. Se deixar passar um passo, grande ou pequeno, durante esta parte do processo, os resultados futuros serão imprevisíveis.

O PODER DE UMA HORA

Identifique os resultados esperados ao fim de cada passo

É muito importante documentar o que se pode esperar após cada passo. Ao documentar os marcos de desenvolvimento, qualquer um que execute a tarefa pode verificar instantaneamente se realizou a tarefa correctamente e se está a obter os resultados esperados.

Identifique o indicador de confirmação que assinala que o sistema está completo

Identifique claramente a forma como quem está a executar a tarefa irá saber que completou o processo e que alcançou os resultados apropriados. Frequentemente, é aqui que os sistemas se desmoronam. O responsável por aprender ou dar início ao sistema ou processo irá dar os passos, mas não irá ter a certeza de que está a alcançar os resultados desejados; por isso, irá continuar a tentar aplicar o processo depois de este estar completo ou irá parar antes de obter os resultados desejados. Dê um bom *feedback* sobre como podem medir o seu sucesso e como irão saber quando parar ou quando passar para o próximo processo.

O que fazer depois de documentar os seus sistemas

A finalidade da documentação do sistema é fazer funcionar o seu negócio e tornar previsível e fácil de repetir o processo principal do seu negócio. A sistematização assegura que o trabalho é realizado correctamente e sempre da mesma forma. Os sistemas removem as suposições.

Deve desenvolver um ficheiro geral de sistemas que descreva todas as funções do seu negócio e os sistemas de processos específicos. Por exemplo, as Vendas teriam o seu ficheiro de sistemas, o *Marketing* teria o seu, a Produção teria o seu. Qualquer colabora-

212

dor, em qualquer departamento, que estivesse incerto sobre como fazer algo poderia aprender rapidamente como executar o processo. Deve ser um ficheiro ou outro instrumento de acesso e uso fácil.

Como utilizar estes ficheiros de sistemas

Existem muitas formas de utilizar os seus sistemas, mas apresentamos aqui algumas das melhores utilizações.

- *Para formar novos colaboradores.* O ficheiro de sistemas permite aos novos colaboradores aprender o seu trabalho e os níveis esperados de desempenho do seu trabalho, muito mais rapidamente. Também faculta um recurso imediato caso precisem de clarificação sobre uma determinada questão ou processo.
- *Para entrevistar potenciais colaboradores.* Os entrevistadores podem colocar questões a potenciais colaboradores sobre o processo, utilizando a informação reunida.
- *Para gerir colaboradores existentes.* Se está a ter dificuldades com a produção, processos ou o desempenho esperado de um colaborador, os ficheiros de sistemas podem ajudar o colaborador a colocar-se de novo no bom caminho e a reforçar o critério de desempenho esperado.
- *Para melhorar a eficiência da empresa.* Quando pode avaliar regularmente os processos, pode imediatamente observar as melhorias necessárias ou corrigir as áreas onde os colaboradores não estão a cumprir.
- *Para abrir novos escritórios ou divisões.* Se vai duplicar numa outra localização qualquer um dos processos que executa nas instalações principais, já tem um "plano de jogo" para pôr todos os colaboradores a trabalhar rapidamente.
- *Para avaliar áreas problemáticas.* Se um sistema começar a falhar, pode rapidamente seguir os passos e pressuposições

213

O PODER DE UMA HORA

que conduzem ao processo para determinar o que tem de ser mudado.

- *Para permitir que outro assuma o controlo, se necessário.* Se ocorrer uma mudança repentina na gestão, uma doença ou outra razão catastrófica para que um interveniente fundamental na organização tenha de ser substituído, existe um documento de orientação em que alguém pode pegar e usar para repetir o sucesso.

O que pode ser sistematizado?

Quase todas as áreas do seu negócio podem ser sistematizadas; tem apenas de olhar para o negócio ao nível das suas componentes e decidir onde começar. Apresento aqui algumas das áreas mais óbvias por onde poderá iniciar a sistematização. Comece por colocar os colaboradores destas áreas a documentar como fazem o seu trabalho; depois melhore o processo para desenvolver o sistema documentado.

Marketing	Produção
Contabilidade	Recursos humanos
Contas a pagar	Vendas
Contas a receber	Entregas
Inventário	Serviço ao cliente

Passe a próxima hora a observar a sua empresa e a decidir onde documentar o seu primeiro sistema. Quanto mais tempo passar a documentar os sistemas desde cedo, menos tempo irá passar a resolver problemas mais tarde. Os sistemas equivalem à previsibilidade e a previsibilidade equivale ao lucro!

214

CAPÍTULO 22. HORA DE NEGÓCIOS 9 – A HORA FINAL

Plano de acção de uma hora

O que é que quero conquistar especificamente?

Sistematizar o meu negócio.

O que é que vou fazer especificamente para identificar a primeira área a sistematizar?

- Avaliar a empresa e definir as áreas que mais beneficiariam da sistematização.
- Identificar quem é que tem de estar envolvido na documentação de sistemas em cada área.
- Formar a equipa sobre as expectativas dos sistemas de documentação na sua organização e fornecer-lhes os instrumentos de trabalho necessários, incluindo uma cópia do ficheiro, para que possa completar o processo.
- Identificar claramente quais os sistemas que precisa de documentar pessoalmente.
- Identificar os passos específicos necessários para alcançar os resultados desejados.
- Atribuir prazos a cada passo.
- Atribuir e agendar tempo para que este plano de acção e passos a ele associados sejam implementados.
- Como irá definir o sucesso, para que saiba que o conquistou?
- Qual é a acção que pode tomar neste preciso momento para iniciar este plano de acção?

CAPÍTULO 23

DAR O DIA POR TERMINADO

Chegou a hora. Investiu algumas horas a ler este livro e, se seguiu o plano correctamente, investiu pelo menos 18 semanas de focalização na transformação da sua vida ou do seu negócio. Eu sei que gostaria que isto fosse o final da caminho, mas é, na verdade, apenas o início. Desenvolveu uma poderosa competência de focalização e implementação; agora é a altura de continuar a explorar.

As áreas de focalização que identifiquei nos capítulos anteriores foram apenas um ponto de partida. Deram-lhe a experiência prática que lhe permitiu focalizar-se em áreas maiores e mais óbvias dos seus negócios e da sua vida. Agora cabe-lhe a si encontrar as outras áreas que necessitam do seu conjunto de competências recentemente adquiridas.

Torne a sua hora de poder de focalização num ritual; não deixe de o fazer. Estabeleça um local, tempo e atmosfera que defina a sua hora de poder e mergulhe totalmente nela sempre que iniciar a focalização.

Outras horas de poder

Vamos olhar para outras áreas em que se pode focalizar para criar enormes mudanças. Estas são apenas o ponto de partida – quero que adicione mais à sua lista, à medida que expandir a sua capacidade de focalização.

217

O PODER DE UMA HORA

- Lidar com colaboradores difíceis
- Comunicação interpessoal eficaz
- Sistemas de responsabilização
- A sua imagem pública
- Qualquer competência que queira desenvolver
- Um novo passatempo
- Organização
- Desenvolvimento de colaboradores
- Melhorar a sua saúde ou a sua forma física
- Investigar novos produtos para adicionar à sua oferta
- Desenvolver um novo canal de distribuição
- Ler
- Escrever um livro

A lista continua, mas cabe-lhe a si escolher o que é mais interessante e tem significado. A chave é fazê-lo e de forma consistente.

Aguardo ansiosamente a partilha de muitas mais ideias consigo ao longo dos próximos meses e anos. Por favor vá a www.powerofanhour.com e inscreva-se para a minha *newsletter*, leia o blogue e mantenha-se em contacto. Quero ouvir notícias suas. Conte-me os seus sucessos e experiências relacionadas com a aplicação da Focalização Intensiva durante uma hora.

Lembre-se desta chave de maior importância à medida que avançar. Não tem de fazer tudo sozinho. Quanto mais se focalizar e optimizar as suas horas recrutando a ajuda de outros para concretizar os seus objectivos, mais eficaz será a dar poder a cada hora. Gira as suas horas gerindo os seus recursos. Quantas mais horas passar focalizado a organizar os resultados de muitas outras horas que decorrem simultaneamente, mais consegue conquistar. Ofereça este livro aos seus colaboradores, para que eles possam conquistar mais na sua vida e apoiá-lo melhor e de uma forma mais apropriada.

A sua próxima hora está à espera que explore o seu potencial. O que vai fazer a seguir?